AF494690

REPONSE

AUX OBSERVATIONS

SUR

L'ESPRIT DES LOIX.

Par Mr. Risteau.

1751.

REPONSE
AUX OBSERVATIONS
SUR
L'ESPRIT DES LOIX.

. . . . *Si quid novisti rectius istis, candidus imperti : Si non his utere mecum.*
Horat. Epist. VI. Lib. 1.

L'AUTEUR de la Brochure qui a pour titre, *Observations sur l'Esprit des Loix, ou l'Art de lire ce Livre, de l'entendre & d'en juger*, a divisé sa critique en cinq Articles; la Réligion, la Morale, la Politique, la Jurisprudence & le Commerce. Je me propose de suivre le même ordre, en répondant à ses objections : Ce sera au Lecteur à décider si j'aurai réussi.

Avant d'entrer en matiere, le Critique insiste principalement sur le peu de méthode qui regne dans le Livre de l'Esprit des Loix. S'il faut l'en croire, *la marche en est irréguliére, & rien n'y est à sa place .... Les plus belles choses y perdent*, dit-il, *de leur prix, parce qu'elles n'y sont presque jamais exposées dans le point de vûe qui leur est propre.* Mais ne seroit-ce point que le Critique, en quittant la route que lui avoit tracée l'Auteur, s'est mis lui-même hors de la portée de *ces belles choses*? Il s'est formé un plan à sa façon. Il a imaginé des titres qui n'ont aucun rapport avec celui du Livre; (*a*) & c'eſt là-deſſus qu'il prétend juger un ouvrage, dont la liaiſon de toutes les parties, telle que Mr. de M.. l'a conçûë & exécutée, pouvoit peut-être ſeule répondre aux vûes & au but que l'Auteur ſe propoſoit en traitant de *l'Eſprit des Loix*. *Pour procéder avec méthode à l'examen de cet ouvrage, je me garderai bien*, dit le Critique, *de m'engager dans la route que l'Auteur a ſuivie.* C'étoit pourtant ce qu'il auroit falu faire, pour en montrer enſuite tous les inconvéniens, & en indiquer une meilleure. Si l'entrepriſe étoit au-

(*a*) *L'ame du monde, ou le tableau moral de l'univers.* Je demande à l'Obſervateur quel rapport il y a entre ces deux titres, s'il entend ce que c'eſt que l'ame du monde, & ſi ce titre n'auroit pas mieux convenu aux ouvrages de Lucrece, de Spinoſa, & autres Matérialiſtes ?

deſſus de ſes forces, il valoit mieux l'abandonner. *Cet ouvrage*, continue l'Obſervateur, *eſt compoſé de cinq cens quatre vingt-treize Chapitres, qui ne ſervent qu'à y répandre de la confuſion*: Et pourquoi cela ? J'aurois cru au contraire qu'une pareille diviſion ſuppoſeroit pour le moins de l'arrangement & de la clarté. L'on n'imagine même pas comment il auroit été poſſible ſans cela, de traiter méthodiquement une auſſi grande quantité de matiéres, qui n'ont la plûpart aucun rapport entr'elles, & qui ſont toutes ſuſceptibles d'une infinité de diſtinctions.

Voici une autre Obſervation préliminaire que le Critique fait ſur le titre du Livre de *l'Eſprit des Loix*; elle mérite une réponſe. *Que ſignifie ce titre dans le ſens de l'Auteur*, dit-il (*b*), *je n'ai encore trouvé perſonne qui ait ſçu me le dire. Mr. de M... appelle les Loix des raports qui dérivent de la nature des choſes; l'Eſprit des Loix eſt donc l'eſprit de ces raports; cela eſt-il bien clair?* A quoi je répons, que l'Auteur dit que les Loix, dans la ſignification la plus étendue, ſont les *raports néceſſaires* qui dérivent de la nature des choſes; & il explique, quelques pages plus loin, le titre de ſon Livre, par ces mots: ,, Cet *Eſ-* ,, *prit des Loix* conſiſte dans les ,, divers raports que les Loix doi- ,, vent avoir avec diverſes cho-

(*b*) Page 10.

„ ſes. Il me ſemble qu'il ſeroit bien difficile de donner de définition plus claire, & que ſi le Lecteur n'eſt pas au fait, ce n'eſt pas la faute de l'Auteur.

ARTICLE PREMIER.

De la Réligion.

1°. L'Auteur de l'Eſprit des Loix a dit que la Réligion en général a plus de force & plus d'influence dans les Etats Deſpotiques que dans les Monarchies.
„ Dans ces premiers, dit-il, on
„ abandonnera ſon pere, on le
„ tuera même ſi le Prince l'or-
„ donne, mais on ne boira point
„ de vin s'il le veut & s'il l'or-
„ donne, &c.

Sur quoi le critique fait cette

observation : (*c*) „ L'Auteur sup-
„ pose lui-même ici une chose
„ fausse ; sçavoir, que la Réli-
„ gion qui interdit l'usage du vin,
„ ne reprouve pas aussi le parri-
„ cide..... Et plus bas : N'est-
„ ce pas une chose singuliére
„ qu'on fasse principalement
„ consister la Loi de Mahomet à
„ s'abstenir du vin ?

Reponse. L'Auteur connoît trop bien les principes de toutes les Réligions, pour supposer rien qui y soit aussi contraire ; mais on n'ignore pas combien le peuple est attaché à certaines menues pratiques & même à certaines coutumes, par préférence aux devoirs principaux de la Réligion. (*d*) L'on

(*c*) Page 16. & 17.

(*d*) Quelle peine n'eut pas le Czar Pierre I. tout puissant & tout despotique qu'il étoit, pour obliger les Moscovites à se defaire de leur barbe ? les Prêtres leur en faisoient un cas de conscience.

ſçait auſſi le pouvoir ſans bornes que donne la Loi de Mahomet aux Empereurs Turcs ſur la vie de leurs Sujets. Il pourroit donc ſe trouver tel Mahometan qui croiroit accomplir la Loi & faire une œuvre méritoire en ôtant la vie à ſon pere, dès que ce ſeroit par ordre du Sultan, qui ne ſe reſoudroit pas à boire du vin ſur un pareil ordre, parce qu'il ne paroît par aucun précepte de la Loi, que l'Empereur ait le droit d'abroger ou de ſuſpendre celle qui défend le vin aux Sectateurs de Mahomet; au lieu qu'il eſt inconteſtable, ſuivant tous les principes de la Réligion des Turcs, que leur Souverain a droit de vie & de mort ſur tous ſes Sujets, & que ceux-ci ſe font en général un devoir & une gloire de s'y ſoumettre.

OBSERVATION. Page 17.

2°· *Le Critique continuë.* Sur quoi, dit-il, ſe fonde l'Auteur, lorſqu'il prétend que la Réligion a plus de force dans les Etats Deſpotiques que dans les Monarchïes ? .... Dans un Etat où l'on ne ménage rien, où l'on abuſe de tout, on ne reſpecte pas plus la Réligion que tout le reſte ; dans les Monarchies au contraire on a pour les Loix du reſpect & de la ſoumiſſion ; à plus forte raiſon en aura-t-on auſſi pour la Réligion qui eſt la premiere & la plus reſpectable de toutes les Loix.

Reponse. L'Auteur a dit ailleurs, ſi la Réligion a ordinairement tant de force dans les Etats Despotiques, c'est qu'elle forme une espéce de dépôt ou de permanance, & j'ajoute que la Réligion a plus de force dans les Etats Despotiques que dans les Monarchiques; parce que dans ces premiers, le despote ne connoissant que la Réligion au-dessus de sa volonté, c'est un grand frein pour le retenir, surtout lorsque le Peuple est ignorant & superstitieux, & par cela même capable de tout contre qui voudroit violer ce sacré dépôt; il sent dans cette affreuse constitution, qu'il n'y a que la Réligion qui puisse combattre pour lui dans le cœur du Tyran, la moindre violation des Rites sacrés lui présage les excès de tous les maux, & ne lui laisse d'autre ressource qu'une qu'une prompte revolte. ,, Le Roi ,, de Perſe eſt le Chef de la Réli- ,, gion, dit M. de M... (*e*) mais ,, l'Alcoran regle la Réligion ; ,, l'Empereur de la Chine eſt le ,, Souverain Pontife ; mais il y a ,, des Livres qui ſont entre les ,, mains de tout le monde, auſ- ,, quels il doit lui-même ſe con- ,, former : envain un Empereur ,, voulut-il les abolir, ils triom- ,, pherent de la tyrannie.

La Réligion eſt donc la ſeule choſe dont on n'abuſe point dans le Gouvernement Deſpotique ; l'Auteur ne dit nulle part qu'elle ne ſoit également reſpectée dans la Monarchie, & qu'elle ne doive l'être ; mais il dit qu'elle y a moins de force ; c'eſt-à-dire moins d'in-

(*e*) Eſp. des Loix liv. 25. chap. 8.

ſluence ſur ce qui regarde le Gouvernement : cela ſe comprendra ſans peine , ſi l'on fait attention que dans la Monarchie , les Loix , l'honneur , la diſtinction des rangs , les différens Tribunaux , les priviléges accordés aux divers Etats , &c. ſont autant de moyens pour le Prince , & de reſſources pour les Sujets , qui ſuppléent en grande partie à ce que la Réligion exigeroit des uns & des autres , pour le maintien de la conſtitution , dans un Gouvernement privé de tous ces avantages, tel qu'eſt un Etat purement Deſpotique.

C'eſt peut-être cette différence qui a fait dire à l'Auteur , qu'un Courtiſan ſe croiroit ridicule dans une Monarchie , d'alleguer au Prince les Loix de la Réligion :

ſur quoi le Critique cite de beaux Vers d'Athalie ; (*f*) mais il ne faut que connoître les Cours pour convenir de ce que dit ici M. de M.... Racine n'avoit certainement pas puiſé le caractere d'Abner chez les Courtiſans de ſon tems, qui ſont encore les mêmes aujourd'hui, & quand il s'en trouveroit quelques uns ſur le nombre capables d'un pareil héroïſme en faveur de leur Réligion, cela pourroit-il faire regle ?

OBSERVATION. Page 22.

3°. S'il eſt vrai que ce ſoit à la Réligion, dit le Critique, à adoucir & à temperer le pouvoir arbitraire, bien loin de con-

(*f*) Pag. 19.

clure, comme fait l'Auteur, que le Mahometiſme ſoit plus convenable que l'Evangile au Gouvernement Deſpotique; je tire une conſéquence toute contraire, & je dis que c'eſt la Réligion Chêtienne qui convient mieux que l'autre à la dureté de ce Gouvernement.... C'eſt une façon bien ſinguliere de temperer le pouvoir exceſſif du Deſpotiſme, que de lui mettre en main un nouveau moyen de ſatisfaire ſa barbarie.

Reponse. Si le but de l'Auteur avoit été d'examiner qu'elle eſt la Réligion qui convient le mieux pour adoucir la rigueur du Deſpotiſme, de la Mahometane ou de la Chrêtienne, l'obſervation du Critique ſeroit fondée ; mais M. de

M ... a ſeulement voulu dire que cette premiere, s'accordant mieux avec les principes reçûs dans un Païs déjà deſpotique, & qu'on veut conſerver tel, cette Réligion convient à ce Païs, & peut contribuer mieux que tout autre à en maintenir le Gouvernement; le Chriſtianiſme au contraire ſeroit plus propre à l'affoiblir par la douceur de ſes préceptes. ,, La Réli-
,, gion Chrêtienne, dit-il, eſt
,, éloignée du pur deſpotiſme,
,, c'eſt que la douceur étant ſi re-
,, commandée dans l'Evangile,
,, elle s'oppoſe à la colere deſpo-
,, tique avec laquelle le Prince ſe
,, feroit juſtice, & exerceroit ſes
,, cruautés.

Quand M. de M... donne à la Réligion Mahometane un caractere de ſéverité ; ce n'eſt que rélativement à la façon dont elle s'eſt établie, & dont elle ſe maintient, & par comparaiſon avec la Réligion de J. C. la plus douce de toutes celles qui ont été prêchées aux hommes.

4°. Sur ce que l'Auteur a dit que la Réligion Proteſtante convient mieux aux Peuples du Nord & aux Républiques ; & la Catholique, à ceux du Midy, & au Gouvernement d'un ſeul : en quoi il s'étaye de bonnes raiſons, & ce qui vaut encore mieux, de l'expérience : le critique s'échaufe comme ſi M. de M... avoit voulu établir que ces Réligions ſont abſolument néceſſaires ou eſſentielles à ces différens Climats, ou à ces différens Gouvernemens ; mais il ne faut que voir les propositions de l'Auteur dans l'ouvrage même, pour comprendre qu'il n'a point prétendu donner de regle fixe sur une matiere qui n'en souffre point; il a seulement examiné quelle est la Réligion qui a le plus d'analogie avec les divers Climats ou les divers Gouvernemens : Le Critique nous apprend à propos de cela. (*g*) ,, Que si les Païs du ,, Nord sont devenus Luthériens, ,, si ceux du Midy sont restez Ca- ,, toliques, si une partie de la ,, Suisse est devenuë Calviniste, ,, c'est *uniquement* parce que Lu- ,, ther & Calvin ont prêché leur ,, Doctrine en Suisse & en Alle- ,, magne, & qu'ils n'ont point ,, penetré vers le Midy de l'Euro-

(*g*) Page 27.

,, pe. " Ne diroit-on pas à l'entendre que tous les Peuples qui furent à portée de connoître les nouvelles opinions de ces deux Réformateurs, les adopterent? Mais j'aimerois autant, que, pour m'expliquer pourquoi les jours ſont plus longs dans certaines ſaiſons ou dans certains climats que dans d'autres, l'on m'aſſurât que cela vient de ce que le Soleil ſe leve plûtôt & ſe couche plus tard, ſans me donner d'autre cauſe Phyſique de ce Phénomene. ,, Luther, dit le Critique, étoit un ,, Allemand, & Calvin un Français refugié en Suiſſe; l'un eſt ,, reſté dans ſon Païs, parce qu'il ,, y trouvoit de la protection; ,, l'autre a quitté le ſien, parce qu'il ,, n'y trouvoit point de ſureté: "

mais pourquoi ces deux hommes ont-ils trouvé de la protection en Suisse & en Allemagne? Pourquoi les Souverains & les Peuples de ces Païs-là ont-ils été si fort disposés à embrasser leurs opinions? & pourquoi ne seroit-il pas permis à un Philosophe d'examiner si le Climat, ou le Gouvernement, n'ont point eu de part au grand empressement avec lequel les uns & les autres se sont prêtés à cette révolution?

5°. Le Critique convient ensuite que des Peuples accoutumés à l'indépendance, tels que des Republicains, doivent mieux s'acommoder de la Réligion Protestante que de la Catholique; mais c'est pour en tirer une conséquence tout-à-fait opposée à un des principes de l'Auteur ; ,, car dit-il (*b*), ,, s'il eſt vrai que la Réligion la ,, plus commode eſt celle qui s'ac- ,, corde le mieux avec le Gouver- ,, nement le plus libre, il faut que ,, *l'Auteur* convienne néceſſai- ,, rement, que l'Etat le plus deſ- ,, potique doit être auſſi le plus ,, diſpoſé à recevoir la Réligion ,, la plus gênante, la plus con- ,, traire à nos plaiſirs, la moins ,, conforme à nos goûts, à nos ,, penchans, à nos inclinations ; ,, en un mot la Réligion Chrêtien- ,, ne. Cette conſéquence, comme ,, on voit, combat directement ,, les principes qu'il a avancé plus ,, haut : ſçavoir, *Que le Gouver- ,, nement moderé convient mieux ,, à la Réligion Chrêtienne*, &

(*b*) Page 30.

„ *le Gouvernement Despotique,*
„ *à la Mahometane.*

A cela je répons que le raisonnement du Critique porte à faux ; car le raport qu'il peut y avoir entre le Gouvernement & la Réligion, en pareille hypothese, ne sçauroit tomber que sur ce qui regarde les cérémonies, la discipline ou la morale : or si la Réligion Protestante est plus commode pour les deux premiers points, l'on est assez d'accord que sur le dernier elle ne differe en rien de la Catholique ; il suit donc, que si la Réligion Protestante convient mieux aux Républiques, ce ne peut être que parce que la Hiérarchie de l'Eglise s'y trouve plus conforme aux principes du Gouvernement Civil, ou, pour me servir des termes de l'Auteur, c'eſt „ parce qu'une Réligion qui n'a „ point de Chef viſible, convient „ mieux à l'indépendance des *Ré-* „ *publiques* que celle qui en a un.

Quant à la Réligion Chrêtienne, en général conſiderée, par oppoſition à la Mahométane : qui peut diſconvenir que celle-ci ne ſoit réellement plus gênante dans la pratique exterieure, par le grand nombre de Cérémonies dont elle eſt chargée ; par le retour des priéres à différentes heures du jour, par les ablutions dont perſonne ne ſe diſpenſe, &c. La Réligion de J. C. au contraire toute ſpirituelle, n'eſt gênante qu'en ce qui regarde l'homme intérieur, elle ſert à reprimer ſes paſſions & ſes deſirs dereglés ; or cela

cela ne peut influer ſur le Gouvernement, que pour rendre les Sujets meilleurs, & les Souverains plus modérés. Ce qui s'accorde parfaitement avec les principes de l'Auteur, bien loin d'y être contraire.

OBSERVATION. Page 37.

Il faut remonter à la Page 36. de la Brochure.

„ 6°. L'Auteur prétend, dit le „ Critique, que c'eſt le climat „ qui a preſcrit des bornes à la „ Réligion Chrétienne & à la „ Réligion Mahometane, qu'il „ n'y a que les Païs que ces deux „ Réligions occupent actuellement qui leur conviennent à „ l'une & à l'autre, & que par „ tout ailleurs elles ne pourroient „ pas ſubſiſter long-tems.

REPONSE. L'Aute-

nulle part rien d'aussi ridicule ; il ne dit pas même que l'ancienne Réligion s'accorde toujours avec le climat, & que la nouvelle s'y refuse toujours ; mais il dit que cela arrive *souvent*, & *qu'humainement parlant, il semble* que le climat a prescrit des bornes à la Réligion Chrétienne & à la Mahometane. Le Critique trouve-t'il que ces mots *souvent*, *humainement parlant*, *il semble*, n'apportent aucune espéce de modification ou d'adoucissement à la chose ?

7°. Sur ce que l'Auteur a dit, que l'opinion de la Métempsycose est faite pour le climat des Indes, où l'excessive chaleur brule toutes les campagnes, & où l'on ne peut nourrir que très-peu de bétail, &c. Le Critique fait cette Observation.

(*i*) „ Pythagore, qu'on regarde „ comme le premier Auteur du „ sentiment de la Métempsycose, ne pensoit peut-être guéres „ à tout cela, lorsqu'il a mis au „ jour son opinion; de même „ que Moïse ne songeoit guéres non plus à la santé de ses „ freres lorsqu'il leur défendit de „ manger du cochon.

Reponse. Pythagore n'est point l'inventeur de la Métempsycose, il l'avoit prise des Egyptiens, selon ce qu'on peut inferer d'un passage d'Herodote; (*) & il y a tout lieu de penser que cette opinion, qui subsiste encore parmi les

(*i*) Page 42.

(*) Les Egyptiens ..... ont été les premiers qui ont soutenu que l'ame ... étoit immortelle, mais ... qu'étant sortie du corps d'un homme mort, elle rentre dans celui de quelque animal... Néanmoins quelques Grecs, dont je sçais les noms, & que je ne crois pas qu'il soit besoin de nommer, se sont attribués cette opinion. Herodote, Liv. 2. p. 308. de la Traduct. de Duryer.

Indiens, y étoit reçue long-tems avant que Pythagore n'existât.

Mais quand ce Philosophe en seroit le premier Auteur, on auroit toujours droit de conclure que la Métempsycose convient mieux au climat des Indes, puisqu'elle y dure encore, au lieu qu'elle a fait bien peu de progrès, & qu'elle a été bien-tôt oubliée dans les lieux où elle a pris naissance.

La défense qui fut faite aux Juifs par Moïse, ou plûtôt par *la Sagesse éternelle*, de manger du cochon, étoit aussi très-conforme à la nature du climat, s'il est vrai, comme on l'assure, que cet animal engendre les maladies de la peau, ausquelles les Peuples de l'Egypte & de la Palestine étoient forts sujets.

OBSERVATION. Page 43.

Je reprens le Livre de l'Eſprit des Loix, dit le Critique: Voici encore ce que j'y trouve. „ Il „ n'eſt preſque pas poſſible que „ le Chriſtianiſme s'établiſſe ja- „ mais à la Chine; les vœux de „ virginité, les aſſemblées des „ femmes dans les Egliſes, leur „ communication avec les Mi- „ niſtres de la Réligion, leur „ participation aux Sacremens, „ la Confeſſion auriculaire, l'Ex- „ trême-Onction, le Mariage „ d'une ſeule femme; tout cela „ renverſe les mœurs & les ma- „ niéres du Païs, & frappe enco- „ re du même coup ſur la Ré- „ ligion & ſur les Loix. La Ré- „ ligion Chrétienne, par l'éta-

„ bliſſement de la charité, par un „ culte public, par la participa- „ tion aux mêmes Sacremens, „ ſemble demander que tout s'u- „ niſſe ; les Rites des Chinois „ ſemblent ordonner que tout ſe „ ſépare. „

Sur quoi l'Obſervateur aſſure, avec confiance, „ Que *la princi-* „ *pale raiſon* qui empêche le „ Chriſtianiſme de faire de grands „ progrès à la Chine, c'eſt que „ ces Peuples ſe regardant com- „ me ſupérieurs à tous les autres, „ ils ne ſçauroient croire, dit-il, „ qu'il y ait ſur la terre de Na- „ tions plus ſages, plus ancien- „ nes & plus éclairées qu'eux : „ Dans cette perſuaſion, ils font „ très-peu de cas de tout ce que „ nos Miſſionnaires leur racon-

„ tent de notre Réligion . . . .
„ L'on leur dit, par exemple,
„ qu'il n'y a que ſix mille ans
„ que Dieu a créé l'univers; &
„ l'hiſtoire de leur Empire re-
„ monte dix fois plus haut.

REPONSE. Cette conſidération peut avoir un certain poids; mais celles de l'Auteur en ſont-elles moins ſolides? Et comment le Critique ſçait-il que la raiſon qu'il allégue ici eſt *la principale*, & que celles que donne M. de M... n'entrent pour rien dans l'averſion des Chinois pour le Chriſtianiſme?

Ne pourroit-on pas dire au contraire, que les obſtacles que l'Auteur indique ſont d'autant plus forts, qu'ils affectent toute la Nation à la fois, en renverſant ſes

Loix & ſes uſages ? Au lieu que les motifs que le Critique prête aux Chinois, ne ſont à la portée que de quelques perſonnes éclairées, qui font le petit nombre à la Chine, ainſi qu'ailleurs.

Mais voici une Objection d'une bien plus grande conſéquence.

OBSERVATION. Page 44.

9°. Je finis, dit le Critique, ce premier Article par deux propoſitions que je tire de ce Livre ; elles n'ont pas un rapport bien direct avec le climat, mais elles renferment des contradictions qu'il ne m'eſt pas poſſible de diſſimuler.

„ 1. La Réligion Chrétienne, „ dit l'Auteur, veut que chaque „ Peuple ait les meilleures Loix

„ politiques, & les meilleures
„ Loix civiles.

„ 2. Lorſque l'Etat eſt ſatis-
„ fait d'une Réligion déja éta-
„ blie, ce ſera une très-bonne
„ Loi civile de ne point y ſouf-
„ frir l'établiſſement d'une autre.

De ces deux propoſitions je forme un raiſonnement tout ſimple : Le voici. La Réligion Chrétienne veut que chaque Peuple ait les meilleures Loix civiles ; or eſt-il, que c'eſt, ſelon l'Auteur, une très-bonne Loi civile de ne pas ſouffrir à Conſtantinople, par exemple, d'autre Réligion que celle de Mahomet, puiſque l'Etat en eſt ſatisfait : donc pour obéir à la Réligion Chrétienne, il faut être Mahometan à Conſtantinople : Il n'y a point là-dedans de Théologie, c'eſt de la Logique toute pure. (*k*)

REPONSE. Pour renverſer ce ſubtil ſyllogiſme, & faire diſparoître la noirceur de la conſéquence, il ne faut que lire la premiere Propoſition, telle qu'elle eſt dans l'ouvrage : La voici. ,, La ,, Réligion Chrétienne qui or- ,, donne aux hommes de s'aimer, ,, veut ſans doute que chaque ,, Peuple ait les meilleures Loix ,, politiques & les meilleures ,, Loix civiles, parce qu'elles ,, ſont, après elle, le plus grand ,, bien que les hommes puiſſent ,, donner & recevoir ,,. Sur quoi l'on dit, dans la défenſe de l'Eſ-

(*k*) Le ſyllogiſme du Critique n'eſt point en forme, puiſque la majeure eſt fauſſe, & que d'ailleurs il argumente du meilleur au très-bon ; ce qui eſt bien différent.

prit des Loix : ,, Si donc la Ré-
,, ligion Chrétienne eſt le pre-
,, mier bien, & les Loix civiles
,, le ſecond, il n'y a point de
,, Loix politiques & civiles dans
,, un Etat qui puiſſent ou doi-
,, vent y empêcher l'entrée de la
,, Réligion Chrétienne ,,. Je crois que cette Logique-là vaut bien celle du Critique.

Quant à la ſeconde Propoſition ; qui peut douter que dans le ſyſtême Turc, par exemple, ce ne ſoit une bonne Loi que d'empêcher à Conſtantinople l'établiſſement de toute autre Réligion que de celle de Mahomet ? Faut-il pour cela crier à l'impiété ? L'Auteur ne s'eſt-il pas expliqué qu'il n'entend parler que des Réligions de la terre, & non de celle qui a ſa racine dans le Ciel ? Celle-ci n'a pas beſoin de ſecours étranger, ni de la protection des Princes, pour ſe maintenir ou s'étendre : „ Elle traverſe quand elle veut les Mers, les Rivieres „ & les Montagnes...... Elle „ triomphe du climat, des Loix „ qui en reſultent, & des Légiſ- „ lateurs qui les auront faites. (l)

OBSERVATION. Page 46.

Propoſition de l'Auteur.

„ 10°. Sur le caractère de la Réli- „ gion Chrétienne & celui de la „ Mahometane ; l'on doit, ſans „ autre examen embraſſer l'une „ & rejetter l'autre.

Voilà donc qu'on veut actuellement, dit le Critique, que l'on re-

(l) Défenſe de l'Eſp. des Loix.

jette la Réligion Mahometane, & il n'y a qu'un moment qu'on nous disoit qu'il étoit très-bon de la conserver. Mais ce n'est pas encore là sans doute le dernier mot de l'Auteur ; suivons-le, & je suis persuadé qu'il se ravisera ; justement, car voici qu'il change de sentiment : ,, Quand on est maî-
,, tre de recevoir dans un Etat
,, une Réligion, ou de ne la pas
,, recevoir, il ne faut pas l'y éta-
,, blir ,,. On ne doit donc plus, par consequent, sur le caractére de la Réligion Chrétienne, l'embrasser *sans autre examen* ; puisqu'il y a des occasions, où malgré son caractére, il ne faut pas la recevoir, si on en est le maître.

Reponse. Les deux préceptes de l'Auteur ne ſont en contradiction qu'en apparence ; il exprime dans l'un ſon ſentiment ſur le caractére de la Réligion Chrétienne, & le parti qu'il croit qu'un homme de jugement doit prendre en l'examinant, par oppoſition à la Mahometane. Le ſecond précepte eſt un principe de politique pour ceux qui gouvernent les Etats, principe que l'hiſtoire & l'expérience génerale de tous les tems démontrent être vrai, ſauf le cas où il s'agiroit de l'introduction de la Réligion Chrétienne, qui eſt le premier bien.

Au reſte, je crois devoir rappeller ici ce que dit l'Auteur, au premier Chapitre du vingt-quatriéme Livre de l'Eſprit des Loix. „ Comme dans cet ouvrage, dit-il, je

„ ne ſuis point Théologien, mais
„ Ecrivain politique, il pourroit
„ y avoir des choſes qui ne ſe-
„ roient entierement vraies que
„ dans une façon de penſer hu-
„ maine, n'ayant point été con-
„ ſiderées dans le raport avec
„ des vérités plus ſublimes. Il ne
„ faudra que très-peu d'équité
„ pour voir que je n'ai jamais
„ prétendu faire ceder les inté-
„ rêts de la Réligion aux inté-
„ rêts politiques, mais les unir;
„ or pour les unir il faut les con-
„ noître.

ARTICLE SECOND.

De la Morale.

OBSERVATION. Page 50.

1o. LA vertu, ſelon M. de M...., dit le Critique, n'eſt pas une choſe néceſſaire dans tous les Gouvernemens ni dans tous les Païs, il eſt vrai qu'il faut en avoir dans une République, mais dans une Monarchie on n'en a que faire, & elle ſeroit dangéreuſe dans le Gouvernement Deſpotique ; ainſi ce qui à la Haye peut faire un bon Citoyen, n'en feroit qu'un fort mauvais à Paris, & un plus mauvais encore à Conſtantinople.

REPONSE. La définition que l'Auteur donne de la vertu le juſtifiera dans l'eſprit de toute perſonne de bon ſens, de l'imputation odieuſe d'avoir voulu la bannir de tout Etat gouverné par un Monarque ou un Deſpote, puiſqu'il dit qu'on peut définir cette vertu, *l'amour des Loix & de la Patrie* : or il me ſemble qu'il ne faudroit pas faire une grande dépenſe en dialectique, pour démontrer que la vertu, priſe dans ce ſens-là, n'eſt point eſſentielle à tous les Sujets d'un Gouvernement Monarchique, & qu'elle ſeroit tout au moins inutile dans le Deſpotique; car, ainſi que le dit l'Auteur: „ Pourquoi dans le Gouvernement Deſpotique, l'éducation „ s'attacheroit-elle à former un „ bon Citoyen qui prît part au „ malheur public ? S'il aimoit

,, l'Etat, il feroit tenté de réla-
,, cher les resſorts du Gouverne-
,, ment; s'il ne réuſſiſſoit pas, il
,, ſe perdroit ; s'il réuſſiſſoit, il
,, courroit riſque de ſe perdre,
,, lui, le Prince & l'Empire.

Je crois donc qu'on peut admettre juſqu'à un certain point la conſéquence ironique de l'Auteur des obſervations, & que, généralement parlant, ce qui peut faire un bon Citoyen à la Haye, n'en feroit qu'un fort mauvais à Paris, & un plus mauvais encore à Conſtantinople. Il ne faut qu'avoir une légere idée de ce que peut l'éducation ſur les hommes, & de la différence des principes qu'on reçoit dans ces divers Etats, pour convenir de cette vérité: Tout ne reſpire que liberté dans les Républiques, la Monarchie demande de l'obéïſſance, le Deſpotiſme ne veut & ne connoit que des Eſclaves. Y a-t-il apparence qu'un homme qui ſe conduiroit par les principes du premier de ces Gouvernemens, vécût tranquillement dans les deux autres, & ſurtout dans le dernier?

OBSERVATION. Page 52.

2°. Ici l'on raſſemble diverſes propoſitions de l'Auteur qu'on peut voir page 51. de la Brochure, & l'on en fait enſuite la critique en deux mots. „ Tout ceci com„ me on voit, *dit l'Obſerva*„ *teur*, tient beaucoup du Para„ doxe, & pour peu qu'on veuil„ le ſe donner la peine d'y réfle-

„ chir, on ſentira bientôt la fauſ-
„ ſeté de toutes ces propoſi-
„ tions.

Reponse. Toute regle généra-le donnée ſur une matiére qui exi-ge des détails, tiendra toujours du Paradoxe quand elle ſera pré-ſentée ſeule ſans l'appui de ce qui la ſuit ou de ce qui la précede: c'eſt ce qu'avoit prévû l'Auteur lorſqu'il a dit dans ſa Préface: „ Je
„ demande une grace, c'eſt qu'on
„ approuve ou qu'on condamne
„ le Livre en entier, & non pas
„ quelques phraſes. " Ses princi-pes ſont vrais en général, & peut-être que le Critique auroit été bien embarraſſé d'en faire voir la fauſ-ſeté; mais le ſens commun nous apprend que ſur de pareilles ma-tieres, on ne peut point donner

de regle qui ne ſoit ſujette à mille exceptions dépendantes des diverſes circonſtances ; l'Auteur en a marqué un grand nombre, & c'eſt au Lecteur judicieux à ſuppléer au reſte ; M. de M... ne pouvoit entrer dans de pareils détails, ſans ſe jetter dans une prolixité à charge à lui-même, & à ſes Lecteurs ; car, pour me ſervir de ſes termes, *Qui pourroit tout dire ſans un mortel ennui* ? Eh qui pourroit tout lire ſans un mortel ennui ?

OBSERVATION. Page 54.

3°. Si la vertu dans une République eſt l'amour de la République, la vertu dans une Monarchie eſt donc auſſi l'amour de la

Monarchie, la vertu dans le Gouvernement Deſpotique eſt donc auſſi l'amour du Deſpotiſme ; or je prétens que l'amour du Deſpotiſme & de la Monarchie eſt auſſi néceſſaire pour que ces deux Gouvernemens ſe ſoutiennent, qu'il eſt néceſſaire d'aimer la République, pour que la République ſubſiſte.

Reponse. Il eſt vrai que l'Auteur a dit que „ dans une République la vertu eſt une choſe „ très-ſimple, c'eſt l'amour de la „ République. " Il a dit auſſi ailleurs que „ cet amour renferme celui des Loix & de la Pa„ trie, le deſir de la vraie gloire, „ le renoncement à ſoi-même, le „ ſacrifice de ſes plus chers inté„ rêts, & toutes les vertus héroï-

„ ques que nous trouvons dans „ les Anciens “ & qu'on n'a jamais cherché dans les Monarchies, & encore moins dans un Etat Deſpotique : dans ce dernier ſur tout, la premiere vertu eſt l'obéïſſance au Souverain, ſans autre conſideration pour le bien ou le mal qui en peuvent reſulter pour la Patrie. L'Auteur eſt donc fondé à définir la vertu dans une République *l'amour de la République*, puiſque c'eſt, pour ainſi dire ſon caractére diſtinctif, en ce que chacun y tend au bien général, ſans autre motif que l'amour de la Patrie ; mais le Critique ne l'eſt point dans la conſéquence qu'il en tire, que la vertu dans une Monarchie doit être auſſi l'amour de la Monarchie, & dans le Gouvernement Deſpotique, l'amour du Deſpotiſme ; les plus belles actions y partent rarement d'une ſource auſſi pure: Quelle différence des Romains du tems de la République, à ces mêmes Romains ſous les Empereurs! qu'étoit devenu alors cet eſprit de Patriotiſme qui les avoit guidés juſques-là dans toutes leurs actions! Les Decius qui ſe dévoüent pour la Patrie, un Fabricius qui refuſe, quoique dans la miſere, les préſens du Roi d'Epire, auprès duquel il étoit Ambaſſadeur, & qui n'exigeoit rien de lui contre ſon devoir, ont-ils eu beaucoup d'imitateurs dans les Païs gouvernez par le pouvoir arbitraire ? L'Hiſtoire fournit au contraire de fameux exemples de pareil héroiſme

me dans les Républiques : l'on peut donc avancer, ſans crainte d'en trop dire, que dans les Monarchies, les plus belles actions n'ont ordinairement d'autre ſource que l'eſpoir des récompenſes, le deſir de s'avancer, un certain point d'honneur, fruit de l'éducation, ou un attachement perſonnel pour le Prince. Dans les Etats Deſpotiques chacun y fait ſon devoir plus par la crainte du châtiment, que par aucun autre motif. Ce n'eſt donc, comme le prétend le Critique, ni l'amour de la Monarchie, ni celui du Deſpotiſme qui conſtituent la vertu des Citoyens, dans l'un & l'autre de ces Etats ; mais s'ils ſont bien adminiſtrés, il peuvent ſubſiſter & ſubſiſtent réellement ſans cette vertu; le Monarque ſe conforme aux Loix de l'Etat, il tire parti de l'ambition & de l'induſtrie de ſes Peuples, il s'attache à rendre l'empire & l'obéiſſance faciles: le Deſpote au contraire tient ſans ceſſe le glaive ſuſpendu ſur la tête de tous ſes Sujets, qui ne lui ſont pas moins ſoumis, quoiqu'ils déteſtens ſa tyrannie: car pour obéir il n'eſt pas néceſſaire d'aimer, il ſuffit de craindre; de ce qu'une troupe d'Eſclaves obéit à un Maître dur & infléxible, il ne s'enſuit pas que ces malheureux aiment la ſervitude.

OBSERVATION. Page 57.

4°. Je dis que par vertu, l'*Auteur* entend ce dont la privation fait les mal-honnêtes gens : ce qui le prouve, c'eſt qu'après qu'il a fait un portrait affreux des Courtiſans, il ajoute : ,, Or il eſt très-mal aiſé ,, que les Principaux d'un Etat ,, ſoient mal-honnêtes gens , & ,, que les inférieurs ſoient gens ,, de bien ; que ceux-là ſoient ,, trompeurs , & que ceux-ci con- ,, ſentent à n'être que dupes. ,, Tant il eſt vrai que la vertu ,, n'eſt pas le reſſort du gouver- ,, nement Monarchique.

Voilà donc l'Auteur de l'Eſprit des Loix, qui déclare que par le mot de vertu il entend uniquement l'amour de l'Etat, & qui, en même tems , & dans le même endroit lui donne une ſignification toute différente ; le voilà donc par conſéquent en contradiction avec lui-même.

Reponse. Quel que ſoit le portrait des Courtiſans, s'il eſt très-ſouvent reſſemblant, ce ne ſera pas la faute du Peintre.

L'Auteur dit dans une notte: Je parle de la vertu politique, „ qui eſt la vertu morale dans le „ ſens quelle ſe dirige au bien „ général, *fort peu des vertus* „ *morales particulieres*: " donc il ne les exclut pas tout-à-fait? Je crois auſſi qu'on peut lui accorder que la vertu politique dans le ſens qu'elle ſe dirige au bien général, ſuppoſe des qualités dont la privation fait les mal-honnêtes gens, les fourbes, les trompeurs, &c.

Mais il me ſemble que j'ai fait voir plus haut très-clairement, que l'Auteur n'explique le mot de vertu, par *amour de la Patrie & de l'Etat*, qu'en faveur du Gouvernement Républicain, & qu'il en exclut formellement tous les autres ; ainſi puiſqu'il s'agit ici de ce qui ſe paſſe dans une Monarchie, il n'y a plus de contradiction.

OBSERVATION. Page 60.

5°. Quoi, parce que je vis dans une Monarchie, dit le Critique, je ne dirai la vérité que pour paroître libre, tandis que dans une République, qui eſt un Etat plus libre, & où par conſéquent on doit être jaloux de faire paroître ſa liberté, on ne dira la vérité que par amour pour elle ? Pour moi, à ne conſiderer que la nature du Gouvernement, je tirerois une conséquence bien différente.

Reponse. N'eſt-on pas libre dans une République, qu'a-t'on beſoin *d'être jaloux de faire paroître ſa liberté?* Si l'on y dit la vérité, ce n'eſt que par pur amour pour elle, puiſque chacun en peut faire autant; mais dans une Monarchie, où l'on veut de la circonſpection, celui qui oſe dire certaines vérités, ne peut pas manquer de s'y diſtinguer, & n'a ſouvent pas d'autre motif.

OBSERVATION. Page 63.

Il faut remonter à la Page 61. &c.

6°. La politeſſe eſt donc le plus ſûr, & peut-être même l'unique moyen de ſe diſtinguer dans les Républiques: C'eſt donc dans les Républiques auſſi, plûtôt que dans les Monarchies, que l'envie de ſe diſtinguer eſt le principe de la politeſſe, &c.

REPONSE. Tout ce que le Critique dit ici & précédemment, ſe trouve par malheur contredit par l'expérience. Qu'il faſſe un petit voyage en Suiſſe & en Hollande, il conviendra qu'on n'y a pas toute la politeſſe qu'on trouve en France. Les Romains n'ont commencé à être polis que ſur le déclin de la République, & quand ils ont eu des Maîtres. L'Auteur dit que dans les Monarchies on n'eſt poli que par orgueil & par envie de ſe diſtinguer; cela ſe comprend aiſément. Les Cours ſont le centre de la politeſſe; ce goût ſe communique des Courtiſans aux Nobles, & enſuite au

Peuple ; chacun s'imagine participer à la grandeur, en affectant les maniéres des Grands. ,, Dans un
,, pareil Gouvernement, nous
,, nous sentons flattez, dit l'Au-
,, teur, d'avoir des maniéres qui
,, prouvent que nous ne sommes
,, pas dans la bassesse, & que
,, nous n'avons pas vécu avec
,, cette sorte de gens que l'on a
,, abandonnés dans tous les âges.
Mais, dit l'Observateur, *les Citoyens d'une République n'ont-ils pas aussi cela de commun avec tous les autres Peuples de l'Univers?* A cela je réponds : Que dans une République, où tous les Citoyens naissent dans l'égalité, où ils reçoivent à peu près la même éducation, où le fils du premier Magistrat se trouve souvent

confondu avec les moindres Citoyens ; en un mot, où la naiſſance ne donne preſque aucune prérogative, il ne ſerviroit de rien d'affecter cette politeſſe qui eſt naturelle aux Grands ; au contraire, ce ſeroit peut-être le moyen de reculer. Le Peuple demande, dans une pareille conſtitution, quelque choſe de plus dans ceux qui prétendent à ſes ſuffrages, & il ſe trompe rarement dans le choix qu'il en fait ; il veut des talens, des ſervices, des vertus, & ſurtout cette vertu diſtinctive que l'Auteur déſigne par l'amour des Loix & de la Patrie. Il faut encore que le Critique diſtingue la politeſſe d'avec l'affabilité. Un homme vain & haut avec ſes égaux, peut être affable avec ſes inférieurs, & souple avec ses supérieurs, par des vûes d'intérêt. Cette premiere disposition se trouve dans les Républiques où l'on a besoin des suffrages du peuple. La seconde est commune dans les Monarchies, où l'on cherche la protection des Grands; mais ce n'est point là ce qui constitue la véritable politesse. D'ailleurs, l'une & l'autre de ces dispositions ne sont applicables qu'à des cas particuliers, & ne sçauroient former de régle générale.

OBSERVATION. Page 66.

7°. Mais si le peuple ne dit la vérité que par amour pour elle, il s'ensuit donc toujours, dans les pricipes de l'Auteur, que le reste de l'Etat en fait de même. Pourquoi cela ? On va nous le dire, ou plûtôt on nous l'a déja dit : „ C'eſt qu'il eſt mal aiſé que les „ Principaux d'un Etat ſoient „ mal-honnêtes gens, & que les „ inférieurs ſoient gens de bien ; „ que ceux-là ſoient trompeurs, „ & que ceux-ci conſentent à „ n'être que dupes.

REPONSE. Ce qu'on a dit plus haut fait voir que le Critique a mal entendu l'Auteur dans cet endroit ; mais ſans cela, je crois qu'il ſuffiroit, pour répondre à ſon objection, de lui faire obſerver qu'il n'eſt pas juſte de confondre avec tout le peuple les inférieurs des Principaux d'un Etat.

OBSERVATION. Page 70.

8°. Il eſt donc très-ſimple, dit

l'Auteur, *en parlant des climats chauds de l'Asie*, ,, qu'un hom-
,, me *quitte sa femme* pour en
,, prendre une autre, lorsque la
,, Réligion ne s'y oppose pas,
,, & que la poligamie s'introdui-
,, se.,, Sur quoi le Critique fait un long raisonnement, qu'il conclut par dire, ce n'est donc plus poligamie, c'est divorce, ou si l'on veut, répudiation.

Reponse. Il y a apparence que l'Auteur, par ces mots, *quitte sa femme*, n'a pas entendu la répudiation, mais seulement le changement de goût; cela paroît par ce qui suit; & quoiqu'il en soit, la chose ne méritoit pas que le Critique s'y arrêtât aussi longtems. Je prie qu'on lise dans l'ouvrage même les articles sur lesquels

quels il s'égaye, jusqu'à la page 81. de la Brochure, & l'on sera bientôt convaincu qu'il n'a pas prétendu faire une critique sérieuse.

Mr. de M... a dit que dans certains climats extrêmement chauds, le phisique a une telle force, que la morale n'y peut presque rien. Il a dit que dans les Païs du Nord, où les passions sont calmes, peu actives, peu rafinées, la moindre police suffit pour conduire les Femmes. Il a dit encore, que dans certains climats d'Orient, au lieu de préceptes il leur falloit des véroux. Il a appuyé cette opinion sur leur peu de retenue dans les lieux où cette clôture n'est pas aussi exacte que le climat le demanderoit; & il en donne pour exemple ce qui se passa à Goa, &c. Il dit que cependant la nature a parlé à toutes les Nations, qu'elles se sont toutes accordées à attacher du mépris à l'incontinence des femmes ; qu'il n'y a qu'à Patane, où leur lubricité est si grande, qu'elle excéde toutes les bornes : *C'est là*, dit-il, *où la nature a une force, & la pudeur une foiblesse qu'on ne peut comprendre*. Il faut donc convenir, s'écrie l'Observateur, que dans ce Païs-là, au moins, c'est l'incontinence qui suit les Loix de la nature, & que c'est la pudeur qui les viole. Je lui réponds, qu'il faut convenir aussi que cette objection ne porte que sur les mots ; car, qui est-ce qui n'entend pas ce que l'Auteur a voulu dire? Il parle ici dans un ſens phiſique ; plus haut il parloit dans un ſens moral. Un Moraliſte dira que la nature inſpire la pudeur ; un Phiſicien cherchera auſſi dans la nature la cauſe de ces déſirs déreglés, qui ſont la ſource de l'incontinence. Il me ſemble que l'Auteur a pû parler le langage de l'un ou de l'autre, ſuivant l'occaſion, ſans qu'on puiſſe le taxer de s'être contredit.

Mais comment le Critique peut-il ignorer l'influence qu'a le climat ſur le temperemment des deux ſexes, & la différence qu'il y a à cet égard entre les Païs chauds & les Païs froids? Qu'il conſulte les Voyageurs, les Hiſtoriens & les Naturaliſtes de tous les tems, tous lui diront que dans les climats chauds de l'Italie, de l'Eſpagne, de l'Aſie, de l'Amérique, &c. les filles y ſont nubiles à 9. & 10. ans; que dans les climats temperés elles le ſont entre 12. & 14. & que dans le fonds du Nord, à peine le ſont-elles à 18. Il y a, à peu près, la même proportion chez les hommes, & l'on ne ſçauroit douter que cette cauſe phiſique, qui contribue à avancer le tempérment, ne ſoit la même qui produit le plus ou le moins de vivacité dans les déſirs: Sur quoi je demande au Critique à quoi il peut raiſonnablement attribuer cette gradation, ſi ce n'eſt au climat? Mais il en convient lui-même, lorſqu'il dit (*m*) „ Si „ l'on avoit dit ſeulement que

(*m*) Page 70.

„ dans les Pays chauds on eſt „ plus porté à l'incontinence que „ dans les climats froids ou tem- „ pérés, ... ce raiſonnement eût „ paru juſte. „ Si cela eſt ainſi, pourquoi s'efforce-t'il de jetter du ridicule ſur ce ſentiment de l'Auteur, par de petites comparaiſons hors de place, telles que celles-ci ? „ Il en eſt des femmes à peu près „ comme du lait, qui reſte tran- „ quile dans le vaſe, ſelon qu'il „ eſt plus près ou plus loin du „ feu ; ou bien, ſi l'on veut, l'on „ pourra les comparer à ces li- „ queurs ſpiritueuſes que le „ chaud ou le froid fait monter „ ou deſcendre dans le Thermo- „ metre, ... ou enfin à une lai- „ tue que le trop de chaleur em- „ pêche de pommer & fait mon-

„ ter en graine. „ (*n*) Ceci me rapelle que sur une des plus belles réflexions de l'Auteur, touchant la façon d'administrer la Justice en Turquie, l'Observateur réplique joliment : „ (*o*) Il est „ vrai, diroit à cela Crispin rival „ de son Maître, que la Justice „ est une si belle chose, qu'on ne „ sçauroit trop l'achetter. Le Critique a taxé d'épigramme quelques pensées de l'Auteur, qui auroient mieux convenu, dit-il, dans les Lettres Persanes que dans un ouvrage comme celui de l'Esprit des Loix. Je lui demande quel nom il veut qu'on donne à cette façon cavaliere de critiquer ce même ouvrage?

Voici ce que dit Mr. de M. à la

(*n*) Page 74. & suivantes. (*o*) Page 170.

fin de son troisiéme Livre, chap. 11. „ Tels sont les principes des „ trois Gouvernemens ; ce qui „ ne signifie pas que dans telle „ République on soit vertueux, „ mais qu'on devroit l'être ; cela „ ne prouve pas non plus que „ dans une certaine Monarchie „ on ait de l'honneur, & que dans „ un Etat Despotique particulier „ on ait de la crainte, mais qu'il „ faudroit en avoir, sans quoi le „ Gouvernement sera imparfait. Je crois qu'on ne sçauroit, sans injustice, refuser à l'Auteur, les mêmes exceptions, sur toutes les matiéres où il paroît établir des régles trop générales ; & s'il y a quelque matiére qui en soit susceptible, c'est sans doute celle du climat.

OBSERVATION. Page 85

Propoſition de l'Auteur.

9°. „ A meſure que le luxe s'é-
„ tablit dans une République, l'eſ-
„ prit ſe tourne vers l'intérêt par-
„ ticulier: A des gens à qui il ne
„ faut rien que le néceſſaire, il ne
„ reſte rien à deſirer que la gloi-
„ re de la Patrie & la ſienne
„ propre. " Mais, dit le Critique, on peut dire la même choſe des Monarchies; il eſt bien certain que ſi tous les Sujets ſe contentoient du néceſſaire, il ne leur reſteroit plus rien à deſirer que la gloire du Prince, la leur propre & celle de l'Etat. Il faut donc conclure auſſi par la même raiſon, que le luxe eſt dangereux dans un Gouvernement Monarchique.

Reponse. L'on a déja prouvé qu'en général, il n'y a point assez de vertu dans la Monarchie pour que les Sujets puissent borner leur ambition à desirer la gloire du Prince & celle de l'Etat, chacun songe d'abord à son avancement particulier ; la supposition du Critique tombe donc d'elle-même.

De plus, je dis que le luxe, quoique presque toujours dangereux pour les mœurs, ne peut gueres avoir de fâcheuses conséquences dans un Etat Monarchique, qu'autant que cet Etat a besoin de tirer de chez ses voisins, ce qui peut y servir de matiere, & qu'il n'a pas de quoi s'indemniser par une pareille exportation de sa denrée ou manufacture ; au lieu que dans une République, le luxe est dangereux, indépendamment de cette raiſon, par une conſéquence de ce que dit l'Auteur ,, qu'à meſure ,, que le luxe s'établit dans une ,, République, l'eſprit ſe tourne ,, vers l'intérêt particulier; " diſ- poſition tout-à-fait oppoſée au maintien de la vertu politique morale, par laquelle ſe ſoutiennent principalement les Républiques.

Le luxe peut avoir auſſi de mauvaiſes ſuites dans une Monarchie, lorſqu'il n'eſt plus renfermé dans certaines bornes, lorſque chacun en abuſe au point que la gradation dont parle l'Auteur (*p*) n'eſt plus obſervée; gradation qui n'eſt rien moins que chimerique, puiſqu'il eſt très-certain que dans un pareil Etat, ce n'eſt ni le rang ni la naiſ-

(*p*) Page 84. de la Brochure.

ſance qui reglent le luxe, mais l'argent ſeul (*q*) : alors tous les Etats ſe trouvent confondus, l'on ne dépenſe plus à proportion de ſes richeſſes, mais à proportion de l'envie que chacun a de paroître, & de ſurpaſſer ſes égaux, ou même ſes ſupérieurs ; Ce mal, quoique fort grand, qui ſeroit ſeul capable de perdre une République, ne ſçauroit cauſer de révolution ſubite dans une Monarchie bien reglée d'ailleurs ; il n'y a que quelques particuliers qui en ſouffrent, & qui par une prompte ruine portent la peine de leurs extravagances.

(*q*) Quelqu'un a défini le luxe, une ſomptuoſité cauſée par l'inégalité des richeſſes.

OBSERVATION. Page 85.

Propoſition de l'Auteur.

10°. ,, En Angleterre .... & en ,, France, où le ſol produit plus ,, de grains qu'il ne faut.... & où ,, le Commerce avec les Etran- ,, gers, peut rendre pour des cho- ,, ſes frivoles tant de choſes né- ,, ceſſaires, l'on n'y doit gueres ,, craindre le luxe. A la Chine ,, au contraire les femmes ſont ſi ,, fécondes, & l'eſpéce humaine ,, s'y multiplie à un tel point, ,, que les terres, quelques culti- ,, vées qu'elles ſoient, ſuffiſent à ,, peine pour la nourriture des ,, habitans. Le Luxe y eſt donc ,, pernicieux, & l'eſprit de tra- ,, vail & d'économie y eſt auſſi ,, requis que dans quelques Ré- pu-

„ publiques que ce ſoit. Il faut „ donc s'attacher aux arts néceſ- „ ſaires, & qu'on fuye ceux de „ la volupté.

Ne pourroît-on pas dire, objecte l'Obſervateur, que puiſque la Chine ne produit pas de quoi nourrir tous ſes habitans, il ſeroit à propos qu'une partie de ces mêmes habitans s'apliquât à des choſes frivoles pour ſe procurer, comme en France, par le commerce qu'ils en feroient avec les Etrangers, les choſes les plus néceſſaires : pour reparer par ce moyen le défaut du Climat; deſorte que ce défaut-là même ſeroit juſtement la raiſon qui devroit introduire le luxe à la Chine.

Mais diſons mieux; ce n'eſt ni la forme du Gouvernement, ni la nature du Climat qui produit le luxe, ce sont nos passions, nos goûts, & sur-tout notre façon de penser.

Reponse. L'Auteur ne dit point que tel Gouvernement ou tel Climat peut produire le luxe; mais il examine dans quels Gouvernemens, ou dans quels Climats le luxe peut avoir des effets moins pernicieux, & où par conséquent il convient de le tolerer : il soutient qu'en France & en Angleterre le luxe n'y est pas autant à craindre qu'à la Chine; & il en donne des raisons solides que le Critique ne détruit point; mais dit ce dernier : „ Il seroit à propos „ qu'une partie de ces mêmes „ Habitans de la Chine s'apli- „ quât à des choses frivoles pour

„ en faire commerce avec les „ Etrangers. “ Je lui répons que ceux qui ſont à portée de le faire n'ont point attendu ſon avis pour prendre ce parti ; il y a long-tems que les Chinois troquent, non contre des bagatelles, mais en échange de bonnes piaſtres, des Etoffes de ſoye, de la porcelaine, des figures de cire, & d'autres frivolités de cette eſpéce ; mais il ne peut y avoir qu'une très-petite partie de la Nation occupée à ce commerce, puiſque leurs voiſins, qui ſe piquent tous d'avoir des mœurs à part, ne viennent que peu ou point ſe fournir chez eux, de ces frivolités, & qu'il n'y a que les Habitans des Côtes qui peuvent profiter de ces avantages, au moyen de leur trafic avec les Nations Européennes, privilege dont tout le reste de ce vaste Empire se trouve privé. Ce n'est donc pas là le cas où le commerce avec les Etrangers peut rendre, *pour des choses frivoles celles dont on ne peut se passer* ; ainsi l'Auteur a eu raison de dire, *qu'il faut dans ce Païs-là s'attacher aux arts nécessaires.* Observés encore qu'une bonne partie de ce que les Chinois fournissent aux autres Nations, provient de leur commerce avec les Japonois : mais quand il en seroit autrement, la conséquence du Critique, *que le défaut des choses les plus nécessaires à la vie, seroit justement la raison qui devroit introduire le luxe à la Chine*, n'en seroit pas mieux fondée.

1°. Parce que les raiſons de travail & d'économie que donne l'Auteur porteront toujours les peuples de ce Païs-là, à rejetter tout eſpéce de ſuperflû pour s'attacher au néceſſaire qui leur manque quelquefois.

2°. Les frivolités Chinoiſes peuvent plûtôt paſſer pour des ſingularités, que pour de véritables matieres de luxe.

3°. Enfin, de ce qu'un peuple fournit aux autres les objets du luxe, il ne s'enſuit pas néceſſairement que le luxe s'introduiſe chez lui; les Génevois innondent toute l'Europe d'ouvrages d'Horlogerie, d'Orfevrie & de Bijouterie de toute eſpéce, dont ils ne font eux-mêmes qu'un uſage fort moderé par la rigueur des Ordonnances qui regnent dans la République ; les Chinois pourroient également s'attacher à ces frivolités sans donner entrée au luxe ; la nécessité feroit bientôt chez eux le même effet que les Loix somptuaires à Géneve. Au surplus il y a lieu de croire que l'Auteur n'a jamais entendu que la façon de penser & les autres raisons que donne le Critique, ne pussent contribuer à augmenter le goût du luxe ; mais il prétend que certains Gouvernemens, & certains Climats sont plus propres que d'autres à favoriser cette façon de penser, & à la faire tolerer. Et qui peut douter de cette vérité, que le Climat & le Gouvernement n'ayent de grandes influences sur toutes les affaires de la vie ? le

Critique en convient lui-même ailleurs, (r) mais il dit que le Climat ne fait pas tout: eh que lui dit l'Auteur autre chose ? c'est la faute du Critique s'il ne l'a pas entendu. Ceci peut servir de réponse à grand nombre de ses Observations, où il ne péche que parce qu'il prend les maximes de l'Auteur dans un sens trop absolu.

OBSERVATION. Page 89. & suivantes.

Proposition de l'Auteur.

,, 11°. Les Anglais se tuent sans
,, qu'on puisse imaginer aucune
,, raison qui les y détermine, ils se
,, tuent dans le sein même du bon-
,, heur: Cette action... chez eux

(r) Page 112.

„ eſt l'effet d'une maladie ; elle „ tient à l'état Phyſique de la ma- „ chine, & eſt indépendante de toute autre cauſe. " Mais, dit le Critique, ſi les Anglais ſe tuent dans le ſein même du bonheur, ce n'eſt donc pas par maladie. Si la ſanté eſt le plus grand des biens, la maladie eſt, par la raiſon des contraires, le plus grand des maux : on n'eſt pas dans le ſein du bonheur quand on eſt malade.... Ecoutons un Anglais qui eſt ſur le point de ſe donner la mort ; il doit ſçavoir quel eſt le ſujet qui l'y détermine, il va nous dire ſi c'eſt par des raiſons Phyſiques ou par des cauſes morales..... qu'il veut ſe faire mourir.

Mon cœur, mes ſens flétris, ma funeſte raiſon,
Tout me dit d'abréger le tems de ma priſon.
&c. ....
Malheureux ſans remède on doit ſçavoir finir.

Parmi les motifs qui détermi-nent Sidney à se donner la mort, nous ne voyons pas qu'il apporte aucune cause phisique, ni aucune raison de politique ; il ne s'en prend ni au Climat ni au Gouvernement, &c.

Reponse. Les Anglais se tuent dans le sein même du bonheur, & ce n'en est pas moins une maladie chez eux ; c'est que cette maladie les prend dans le sein même du bonheur, c'est-à-dire, dans une situation où tout autre qu'un Anglais s'estimeroit heureux. Pour un homme qui se pique si fort de Logique, l'énigme n'étoit pas difficile à déviner. Mais l'Observateur badine sans doute, lorsqu'il nous donne les paroles de M. Gresset dans Sidney, comme celles d'un Anglais prêt à ſe tuer, & qu'il prétend répondre à des raiſonnemens de phiſique, ſur la cauſe de cette maladie, par ceux qu'on met dans la bouche d'un Anglais ſur la Scéne Françaiſe.

OBSERVATION. Page 93.

12°. Ce qu'on peut dire ſeulement, *dit le Critique*, c'eſt qu'en Angleterre, où l'on penſe plus librement ſur la Réligion que partout ailleurs, on ne regarde pas comme un crime l'homicide de ſoi-même. D'ailleurs, les Loix n'y flêtriſſent point la mémoire de ceux qui ſe procurent une mort volontaire. A des gens qui ne craignent rien devant Dieu ni devant les hommes pour l'avenir, la mort eſt le reméde le plus ſimple & le plus naturel aux maux préſens qui les accablent. . . . . . .

Ici le Critique cite encore des vers de Mr. Greſſet, & il ajoute : La Foi nous apprend que des flammes vangereſſes attendent dans l'autre vie tous ceux qui ſe donnent eux-mêmes la mort dans celle-ci ; voici un Anglais qui manque de foi à cet égard, & qui ſe perſuade au contraire qu'une action pareille va être ſuivie d'une éternité de délices : dira-t'on auſſi que c'eſt par un *défaut de filtration du ſuc nerveux* (ſ), *par l'inaction des forces motrices*, par maladie du Climat, que cet Anglais manque de foi ?

(ſ) Mr. de M. . . dit, *il y a apparence* que c'eſt un défaut de filtration du ſuc nerveux ; mais le Critique ne connoît point de milieu.

REPONSE. Une chose qu'on dira très-certainement, c'est qu'il est bien extraordinaire qu'un Critique, qui veut passer pour équitable, s'appuye sur de pareilles autorités pour combattre un Philosophe. Si l'Auteur de l'Esprit des Loix avoit fait une Comédie, il y a lieu de croire qu'il auroit traité son sujet comme l'a fait Mr. Gresset; *il n'eût été question ni de suc nerveux ni de force motrice*: Mais comme il n'y avoit point d'apparence que l'Auteur de Sidney fît de sa piéce une dissertation de phisique, on ne devoit pas attendre non plus que Mr. de M... parlât en Auteur de Théâtre dans le Livre de l'Esprit des Loix; il étoit reservé au Critique d'avoir une pareille idée.

A force d'entendre dire qu'on pense plus librement en Angleterre que par tout ailleurs, l'on se le persuade; mais si nous devons en juger par les Livres hardis qui ont paru depuis 50. ans en Europe contre la Réligion, je ne sçais si l'on n'admettra pas que cette liberté est à peu près la même par tout où il y a des Ecrivains & des Imprimeries. Une chose de fait, c'est que le peuple Anglais paroît autant attaché à sa Réligion & à son Culte qu'aucun autre peuple qu'il y ait dans le monde; ainsi à cet égard il ne peut point être excepté de la régle générale. (*t*). J'accorde au Critique que le sui-

(*t*) Je crois pouvoir avancer, sans crainte d'être démenti, que pour un Livre hardi qui paroît en Angleterre contre la Réligion, il s'en éléve trente pour la défendre; c'est le Païs du monde où les Theologiens se sont le plus exercés contre l'incrédulité.

cide n'eſt point puni en Angleterre par les Loix civiles, & je crois pouvoir en donner une raiſon, qui eſt du moins vraiſemblable; c'eſt que comme le ſupplice ne jette pas parmi les Anglais une notte d'infamie auſſi forte que parmi nous ſur la famille, ni même ſur la mémoire des perſonnes qui le ſouffrent, ils ont trouvé fort inutile de décerner des punitions contre un cadavre. Mais comment l'Obſervateur a-t'il pu avancer que la Réligion des Anglais ne leur fait pas regarder l'homicide de ſoi-même comme un crime? Rien n'eſt plus contraire à la verité: Ce ſont de ces aſſertions hazardées, qu'un Ecrivain ſage ne ſe permet jamais, & moins encore dans un ouvrage fait pour relever les autres.

OBSERVATION. Page 96.

13°. Tout ce raiſonnement roule ſur une ſuppoſition fauſſe; ſçavoir, que c'eſt la foibleſſe ou la force du corps qui rend les hommes timides ou courageux : On pourroit citer une infinité d'exemples qui démentiroient ce principe.

Dira-t'on, par exemple, que parmi notre Nobleſſe il n'y ait pas plus de bravoure ni de véritable courage que parmi ceux qu'elle employe à cultiver ſes terres ? Il eſt ſûr néanmoins, généralement parlant, que ceux-ci ſont plus forts & plus vigoureux que leurs maîtres.

Reponse. Mr. de M.... a dit : Cette force plus grande doit produire plus de confiance en ſoi-même; c'eſt-à-dire, plus de courage. Vegece a remarqué, il y a longtems, qu'en général les peuples qui ont le plus de force ont auſſi le plus de courage. (*) Hypocrate, le plus ancien & le plus grand de tous les Obſervateurs, a fait la même remarque. Les Romains préféroient pour le ſervice militaire les habitans de la Campagne aux Citoyens des Villes. Et en Eſpagne les meilleurs Sol-

(*) ... *Conſtat in omnibus locis & ignavos & ſtrenuos naſci. Sed tamen & gens gentem præcedit in bello, & plaga cœli ad robur non tantum corporum, ſed etiam animorum plurimum valet, quo loco ea quæ à doctiſſimis hominibus comprobata ſunt, non omittam. Omnes nationes, quæ vicinæ ſunt ſoli, nimio calore ſiccatas, amplius quidem ſapere, ſed minus habere ſanguinis dicunt: ac propter ea conſtantiam ac fiduciam cominus non habere pugnandi, quia metuunt vulnera .... Contra Septentrionales populi ... inconſultiores quidem, ſed tamen largo ſanguine redundantes, ſunt ad bella promptiſſimi. Flav. Veget. de re militari, Lib.* 1. *cap.* 2.

Idem, cap. 3. *ſequitur utrum de agris an de urbibus utilior Tyro ſit ... De qua parte nunquam credo potuiſſe dubitari, aptiorem armis ruſticam plebem, &c. Ex agris ergo ſupplendum robur præcipuè videtur exercitus.*

dats ſont pris des Provinces où la culture des terres eſt exercée.

La force du corps chez nos Païſans, & le courage parmi notre Nobleſſe, ſont l'un & l'autre les fruits de l'éducation & non du climat; ainſi l'on n'en peut rien conclure contre les principes de l'Auteur. L'enfant du Noble & celui du Païſan reçoivent des principes ſi opposés entr'eux, qu'il faut bien que ces deux hommes ſoient différens. L'un, quoiqu'élevé dans la molleſſe, eſt inſtruit dès le berceau à tout ſacrifier à l'honneur & à ſon devoir, dont le principal eſt de prodiguer ſon ſang pour l'Etat & pour ſon Roi. L'autre, né dans la dépendance & dans la ſoumiſſion, n'a pas même l'idée de ce qui peut donner cette élévation de ſentiment; tout contribue au contraire à lui abaiſſer le courage, en même-tems qu'un travail continuel le rend robuſte & vigoureux.

OBSERVATION. Page 102.

14°. L'Auteur prétend, dit le Critique, que la différence du courage cauſée par celle du Climat, ,, ſe remarque, non-ſeulement de ,, Nation à Nation, mais encore ,, dans le même Pays d'une partie à une autre: Que les peuples du Nord de la Chine, par ,, exemple, ſont plus courageux ,, que ceux du Midi; que les peuples du midi de la Corée ne le ,, ſont pas tant que ceux du ,, Nord.,, Il ne dit pas que la même choſe arrive en France, mais il le fait aſſez entendre, & l'on peut aiſément le conclure, de ſes principes. Voilà donc les Provenceaux, les Languedociens, les Gaſcons, déclarés moins braves que les Bretons, les Normands & les Picards. Quelle injuſtice, ſurtout pour les habitans de la Garonne, elle qui s'étoit toujours vantée de n'avoir vû naître que des Ceſars ſur ſes bords! Quel coup plus terrible l'Auteur de cet ouvrage pouvoit-il porter à ſa Patrie?

REPONSE. J'avoue que je regrette le tems que j'employe à répondre à cette apoſtrophe; mais puiſqu'il faut faire voir combien peu elle eſt fondée, & combien le Critique eſt éloigné de poſſeder l'ouvrage qu'il prétend enſeigner aux autres à lire, je rapporterai ici ce que dit l'Auteur de l'Esprit des Loix, au chap. 3. du Liv. 17.

,, L'Asie n'a point proprement de ,, zone temperée ; & les lieux si- ,, tués dans un Climat très-froid, y ,, touchent immédiatement ceux ,, qui sont dans un Climat très- ,, chaud ; c'est-à-dire, la Tur- ,, quie, la Perse, le Mogol, la ,, Chine, la Corée & le Japon.

,, En Europe, au contraire, ,, la zone temperée est très-éten- ,, due, quoiqu'elle soit située ,, dans des Climats très-différens ,, entr'eux, n'y ayant point de ,, raport entre le Climat d'Es- ,, pagne & d'Italie, & ceux de ,, Norwegue & de Suede. Mais ,, comme le Climat y devient ,, insensiblement froid, en allant ,, du Midi au Nord, à peu près

„ à proportion de la latitude de „ chaque Païs ; il y arrive que „ chaque Païs est à peu près sem- „ blable à celui qui en est voisin, „ qu'il n'y a pas une notable dif- „ férence; & que, comme je viens „ de le dire, la zone temperée y „ est très-étendue.

„ De là il suit qu'en Asie les „ Nations sont opposées aux Na- „ tions du fort au foible ; les peu- „ ples guerriers, braves & actifs, „ touchent immédiatement des „ peuples efféminés, paresseux, „ timides, &c...... En Europe, „ au contraire, les Nations sont „ opposées du fort au fort ; cel- „ les qui se touchent ont à peu „ près le même courage.

Si cela se passe ainsi en Europe, que sera-ce de la France, où les Peuples de différentes Provinces ſont gouvernés par les mêmes Loix, & reçoivent à peu près la même éducation, ſur tout ſur ce qui regarde l'honneur & le courage ? Le Climat ne ſçauroit donc produire entr'eux aucune différence.

15°. M. de M.... a dit „ C'eſt „ la néceſſité & *peut-être* la „ nature du Climat qui ont donné à tous les Chinois une avidité inconcevable pour le gain, „ &c..... " Sur quoi le Critique fait cette obſervation ; „ Que la „ mauvaiſe foi ſoit permiſe à la „ Chine, & cela *uniquement* à „ cauſe de la nature du Climat, „ c'eſt ce que perſonne n'avoit „ encore imaginé. " Cette interprétation eſt-elle conforme au

Texte ? ne dit-elle rien de plus ? J'en laiſſe juge le Critique.

OBSERVATION. Page 113.

160. L'état de la queſtion, dit l'Obſervateur, eſt de ſçavoir ſi ces différens caracteres d'eſprit, qu'on remarque dans les divers Païs, ſi ces qualités du cœur, plus fréquentes dans un Climat que dans un autre ; ſi, dis-je, tout cela eſt véritablement l'effet du Climat : voilà uniquement à quoi la queſtion ſe reduit. Or je prétens moi, que le Climat n'entre pour rien dans la plupart des effets que l'Auteur lui attribuë.... Le Climat eſt toujours le même, il doit donc agir toujours d'une maniere uniforme, ce qu'il faiſoit autrefois il doit le faire encore

aujourd'hui, & s'il ne le fait pas, on peut aſſurer qu'il ne l'a jamais fait ni pû faire.

Par exemple, l'Auteur prétend que c'eſt le Climat qui produit le courage, & moi je ſoutiens que c'eſt la façon de penſer, &c.

Reponse. Comment ne pas convenir que certains caracteres d'eſprit nationaux, que certaines qualités du cœur plus fréquentes dans un Païs que dans un autre, ne ſoient preſque toujours l'effet d'une premiere cauſe ? Et cette premiere cauſe quelle autre peut-elle être que le Climat ? Ecoutons ce que dit à ce ſujet un Auteur reſpectable, (*u*) „ La varieté „ inépuiſable que la nature jette dans

(*u*) Mémoires pour ſervir à l'Hiſtoire de Brandebourg, Tom. II, page 87, & ſuivantes.

„ dans ces caracteres généraux „ & particuliers, est une marque „ de son abondance ; mais en „ même tems de son économie : „ car quoique tant de Nations in- „ nombrables qui couvrent la „ terre ayent chacune leur génie „ différent, il semble cependant „ que certains grands traits qui „ les distinguent des autres soient „ inalterables. Tout Peuple a un „ caractere à soi qui peut être „ modifié par le plus ou le moins „ d'éducation qu'il reçoit ; mais „ dont le fonds ne s'efface ja- „ mais. Je pourrois aisément ap- „ puyer cette opinion sur des „ preuves Physiques (*x*)....... „ Quiconque a lû Tacite & „ Cesar reconnoîtra encore les

(*x*) C'est ce qu'a fait l'Auteur de l'Esprit des Loix.

„ Allemans, les Français & les „ Anglais, aux couleurs dont ils „ les peignent; dix-huit ſiécles „ n'ont pû les effacer...... Un „ Statuaire peut tailler un mor- „ ceau de bois dans la forme qu'il „ lui plaît; il en fera un Eſope „ ou un Antinoüs, mais il ne „ changera jamais la nature „ inhérente du bois; certains vi- „ ces dominans & certaines ver- „ tus de choix reſteront toujours „ à chaque Peuple.... Il n'y a, „ je crois, que la dévaſtation en- „ tiere par des Colonies Etran- „ geres qui puiſſe produire un „ changement total dans une Na- „ tion; mais qu'on y prenne bien „ garde, ce n'eſt dès-lors plus „ la même Nation, & il reſteroit „ encore à ſçavoir *ſi l'air & la*

„ *nourriture*, ne rendroient pas „ avec le tems ces nouveaux „ Habitans ſemblables aux an- „ ciens.

Mais, dit le Critique, ſi le Climat eſt toujours le même, il doit donc agir toujours d'une maniere uniforme. A cela je répons que le Climat eſt la premiere cauſe, mais que les différentes circonſtances en produiſent d'autres, qui agiſſent différamment ſur les eſprits, & qui en rendent les effets impuiſſans; enſorte que dans un Païs où les hommes ſeroient portés, par exemple, à la bravoure, au travail, & à l'activité, par la nature du Climat, ils auront des inclinations oppoſées, ſuivant la différente façon de penſer qu'on leur inculquera, ſoit par l'éducation, ſoit par les Loix civiles & religieuſes introduites dans le Païs. Le vol n'étoit rien moins qu'odieux à Lacedemone, & les hommes y pouſſoient la bravoure juſqu'à l'intrepidité ; l'un & l'autre étoient l'effet de l'éducation & des Loix: Si l'on avoit laiſſé agir le Climat ſeul, il eſt vraiſemblable qu'il en auroit été tout autrement. Ainſi le Climat a plus ou moins d'influence à proportion qu'il eſt plus ou moins contrarié par l'éducation : dans ce ſens, c'eſt-à-dire, en admettant l'éducation & les autres cauſes qui contribuent à former les inclinations humaines ; l'on peut accorder au Critique que la façon de penſer produit le courage ; mais pour décider juſqu'à quel point le Climat étend ſon Empire à cet égard, il faudroit ſçavoir ce que ſeroient les hommes dans chaque Païs, abſtraction faite de l'éducation qu'ils y reçoivent: queſtion qu'on ne peut gueres reſoudre qu'en conſultant l'Hiſtoire au ſujet des Nations peu policées ou tout-à-fait ſauvages, ſur leſquelles l'éducation n'influe preſque en rien; & en examinant quelle différence il y a eu entre elles dens les différens Climats. Pour ne parler que de la bravoure, puiſque c'eſt l'article ſur lequel le Critique inſiſte le plus; toutes les Rélations s'accordent à dire des merveilles de la valeur & de l'intrépidité des ſauvages du Canada & de l'Amérique Septentrionale, & elles ne nous repreſentent au contraire ceux de l'Amérique Méridionale que comme des Peuples mous & efféminés, des lâches qui n'ont fait quelque resistance, que par leur nombre supérieur & incroyable, chez lesquels le délespoir seul a produit quelques actions d'éclat. Quelles louanges n'a-t-on pas donné à la fermeté des anciens Scythes, & à la valeur des Tartares, ces illustres Conquerans ? Les Nations qui, sortant du Nord dans les siécles passés, inonderent & ravagerent toute l'Europe, étoient toutes des Nations vaillantes, ainsi que le remarque l'Auteur; & le Nord n'en a gueres produit d'autres, sans qu'on puisse raisonnablement attribuer la premiere cause de cette disposition, à leur façon de penser ou à leurs Loix.

OBSERVATION. Page 118.

17°. Nous voyons tous les jours des gens qui ont voyagé dans toutes les Parties du monde, & qui y ont même vécu aſſez long-tems, mais ils en ſont revenus tout comme ils y étoient allés, & les Climats différens qu'ils ont parcouru n'ont pas produit en eux le moindre changement.

REPONSE. Il me ſemble que le Critique ſe trompe, car nous voyons au contraire tous les jours que gens qui ont voyagé dans divers Païs, & qui y ont demeuré quelque tems, en ont tellement pris les habitudes, les inclinations & même la façon de penſer, que de retour dans leur Patrie, ils s'y rendent très-ſouvent ridicules par leur affectation à adopter les manieres & les usages des Païs étrangers où ils ont vécu : Combien de gens vifs qui ont pris du flegme dans les Païs du Nord ? Combien d'Européens, à qui le sejour de l'Amérique ou de l'Asie, a fait contracter une paresse & une indolence peu commune par tout ailleurs ? Combien d'illustres Romains perdirent leur réputation & leurs vertus en se livrant avec trop peu de retenue aux délices & à la mollesse des Orientaux, dont ils raporterent à Rome les richesses & les vices ? Quant à l'influence qu'a le Climat sur le temperament & la santé, je ne crois pas que le Critique voulût se refuser à l'évidence, jusqu'au point de nier une vérité établie sur des preuves incontestables.

ARTICLE TROISIEME.

De la Politique.

LE Critique convient (*a*) que c'eſt ici l'endroit brillant du livre de l'Eſprit des Loix : ſelon lui, l'Auteur a traité cette partie avec toute l'intelligence d'un homme d'Etat, mais avec ſi peu d'ordre, qu'on n'a jamais vû à la fois autant de génie & ſi peu de méthode ; c'eſt un cahos que le Critique ſeul eſt en état de débrouiller, un labirinthe dont il a ſeul le fil ; enſorte qu'en le ſuivant dans cette pénible carriere, on le voit tirer de ce cahos des Aſtres, des Soleils, des Elemens ; régler leurs

(*a*) Page 121.

cours, fixer leurs limites, & enfin mettre chaque chose à sa place; c'est lui-même qui nous l'assure ainsi : après cela qui pourroit douter des obligations qu'a le public à cet esprit créateur ? Qui voudra perdre son tems desormais à lire le Livre de l'Esprit des Loix, cet ouvrage sans méthode ? Pour en avoir une idée complette ne suffira-t-il pas de lire les observations du Critique ? Mais continuons d'examiner comment il remplit toutes ses promesses.

OBSERVATION. Page 141.

1°. Quant au Gouvernement Despotique, voici ce que dit l'Auteur : ,, Son principe se corrompt ,, sans cesse, parce qu'il est cor- ,, rompu par sa nature. Ce Gou-

„ vernement périt par ſon vice „ interieur, lorſque quelques cau- „ ſes accidentelles n'empêchent „ pas ſon principe de ſe corrom- „ pre; ces choſes forcent ſa na- „ ture ſans la changer; ſa féroci- „ té reſte, elle eſt pour quelque „ tems aprivoiſée.

C'eſt comme ſi l'Auteur diſoit, *continue le Critique*, le Gouvernement Deſpotique ne peut ſe ſoutenir par lui même, ſa conſervation dépend de pluſieurs cauſes étrangeres, ſans leſquelles il periroit à chaque inſtant; il eſt toujours dans un état violent & forcé, & ſa nature eſt de tendre ſans ceſſe à ſa deſtruction. Voilà ſans doute le vrai ſens de ces paroles: Cela poſé, voici comment je raiſonne.

Ce qui s'oppose à la conservation du Gouvernement Despotique, doit, par la même raison, s'opposer aussi à son établissement; & les mêmes causes qui servent à le maintenir, doivent contribuer également à le former. Or s'il est vrai que ce Gouvernement ait tant de peine à se conserver, il faut donc qu'il en ait aussi beaucoup à s'établir. Cette conséquence est évidente, c'est seulement dommage qu'elle s'accorde si peu avec ce qui suit.

„ Le Gouvernement Despoti-
„ que saute, pour ainsi dire, aux
„ yeux; il est uniforme par tout:
„ comme il ne faut que des pas-
„ sions pour l'établir, tout le
„ monde est bon pour cela. " Mais si tout le monde est bon pour former

mer un Etat Despotique, tout le monde est donc bon pour le maintenir, s'il ne faut que des passions pour l'établir, il ne faut donc que des passions non plus pour le conserver.

Reponse. Pour faire sentir la fausseté de la conséquence qu'on tire de ces deux propositions de l'Auteur, il faut les raporter telles qu'elles sont dans l'ouvrage, & dans le même ordre.

Premiere Proposition.

„ Le Gouvernement Despoti-
„ que saute, *pour ainsi dire*, aux
„ yeux, il est uniforme par tout:
„ comme il ne faut que des pas-
„ sions pour l'établir, tout le
„ monde est bon pour cela....

Seconde Propoſition.

„ Le principe du Gouverne-
„ ment Deſpotique ſe corrompt
„ ſans ceſſe, parce qu'il eſt cor-
„ rompu par ſa nature. Les autres
„ Gouvernemens périſſent, parce
„ que des accidens particuliers
„ en violent le principe, celui-
„ ci périt par ſon vice intérieur,
„ lorſque quelques cauſes acci-
„ dentelles n'empêchent pas ſon
„ principe de ſe corrompre; il
„ ne ſe maintient donc que quand
„ des circonſtances tirées du Cli-
„ mat, de la Religion, de la ſi-
„ tuation ou du génie du peuple,
„ le forcent à ſuivre quelqu'or-
„ dre & à ſouffrir quelque régle,
„ ces choſes forcent ſa nature
„ ſans la changer, ſa férocité

„ reſte, elle eſt pour quelque „ tems apprivoiſée.

L'On a entendu le Commentaire du Critique, en voici un autre.

1°. Il ne faut qu'avoir de l'audace & une ambition ſans bornes pour imaginer & former un Gouvernement Deſpotique, tout le monde eſt bon pour cela......

2°. Mais comme ce Gouvernement eſt fondé ſur des paſſions violentes, il eſt difficile qu'il ſe conſerve, tout le conduit à ſa ruine, il ne ſe maintient donc que quand des circonſtances tirées du Climat, de la Réligion, de la ſituation ou du génie des peuples, le forcent à ſuivre quelqu'ordre, & à ſouffrir quelque regle, &c.

Je demande ſi cette interprétation n'eſt pas auſſi naturelle que celle du Critique, & je laiſſe à juger au Lecteur ſi elle renferme rien de contradictoire.

OBSERVATION. Page 150.

2°. L'Auteur de l'Eſprit des Loix trouve qu'il vaudroit mieux que le Conquerant rendît le Trône au Prince légitime, *pour s'en faire un Allié néceſſaire*, qui, avec les forces qui lui ſont propres, augmenteroit les ſiennes. Il avoit dit auparavant que les Etats Deſpotiques pourvoyent à leur ſureté, en ſe ſéparant, & en ſe tenant pour ainſi dire ſeuls. Mais comment peut-on ſe tenir ſeul, & ſe faire en même tems des Alliés?

Reponse. Cela veut dire que le Conquerant Deſpôte peut faire l'un ou l'autre, ſuivant les tems &

les circonſtances : Ces mots, *pour ainſi dire*, ne forment-ils pas une exception ?

J'ajouterai que les Princes & les peuples qui en ont agi ainſi, ont eu ſouvent divers motifs. „ Les Allemans, dit Jules Ceſar, „ tiennent à Grandeur d'être bor„ nés par des deſerts & des ter„ res inhabitées ; car outre qu'il „ n'eſt pas ſi aiſé de les attaquer, „ c'eſt une marque qu'ils ſont „ redoutables à pluſieurs Peu„ ples. (*y*)

OBSERVATION. Page 164. &c.

Voici l'Extrait que fait le Critique de diverſes propoſitions de l'Auteur.

Il y a des Climats ſi riches par

(*y*) Comment. Guerre des Gaules, Livre VI. traduction d'Ablancourt.

eux-mémes, si abondans, si fertiles, que sans beaucoup de travail on s'y procure aisément toutes les choses nécessaires. Dans ces Païs les hommes contractent une certaine paresse naturelle, qui les rend lâches, efféminés, sans force, sans vertu, sans courage. Avec ces défauts on est bien près de la servitude, & la servitude n'est pas éloignée du Gouvernement Despotique.

Il y a d'autres Climats où les terres restent incultes, soit qu'elles soient stériles de leur nature, soit que les peuples qui les habitent ne veuillent pas se donner la peine de les cultiver. Il est clair que ces Peuples doivent jouir d'une grande indépendance: Car comme ils ne cultivent pas les terres, ils n'y ſont point attachés, ils ſont errans, vagabons ; & ſi un Chef vouloit entreprendre de leur ôter leur liberté, ils le quitteroient & ſe retireroient dans les Bois pour y vivre tranquilles avec leur famille. On ne peut donc point établir l'autorité arbitraire dans des Païs où les hommes ne vivent que de leur chaſſe, ou du produit de leurs troupeaux, dans des Païs où les terres ſont incultes...... Le Gouvernement Monarchique ne ſçauroit non plus s'y établir puiſque tous les hommes y ſont égaux. Le Républicain voudroit y faire des Loix, & l'on ne connoît parmi ces Peuples que celles de la nature ; chez eux la liberté de l'homme eſt ſi grande, qu'il eſt preſque impoſſible d'en faire des

Citoyens. . . . .

Mais ce qu'il y a de ſingulier dans les principes de l'Auteur, *continue le Critique*, c'eſt que la même cauſe qui ſoumet les Peuples en général à la Puiſſance arbitraire, les ſouſtrait en même tems à ce pouvoir. . . . . Ce qui introduit dans certains Païs les Etats Deſpotiques, forme dans d'autres les Nations indépendantes, je veux dire la fertilité des terres. ,, En Amé-
,, rique, dit l'Auteur, la terre pro-
,, duit d'elle-même beaucoup de
,, fruits dont on peut ſe nourrir ;
,, la chaſſe & la pêche achevent
,, de mettre les hommes dans
,, l'abondance; de plus, les ani-
,, maux qui paiſſent réuſſiſſent
,, mieux que les bêtes carnacie-
,, res. " Il devoit donc conclure

re que l'Amérique est un Païs propre au Despotisme, puisqu'on y jouit d'une si grande fertilité. Point du tout, il raisonne à présent d'une autre maniere: „ Ce „ Païs est extremement fertile, „ c'est ce qui fait, dit-il, qu'il y „ a tant de Nations Sauvages, „ c'est-à-dire, des Nations libres. La fertilité des terres est ici comme ces nuages où l'on voit tout ce que l'on veut.

Reponse. Raprochons les propositions de l'Auteur qui paroissent en contradiction, & l'on verra que si le Critique avoit voulu distinguer la culture des terres d'avec leur fertilité naturelle, il se seroit épargné un terrible écart.

La premiere proposition est, que dans un Païs fertile, mais qui demande cependant d'être cultivé, les hommes ſont bien près de la ſervitude ou du Gouvernement Deſpotique : la ſeconde eſt, que dans les Climats où les terres reſtent incultes, ſoit qu'elles ſoient ſteriles de leur nature, ſoit que les Peuples qui les habitent ne veuillent pas ſe donner la peine de les cultiver, il eſt clair que ces Peuples doivent jouir d'une grande indépendance, ſur tout, s'ils peuvent vivre de leur chaſſe, &c. Enfin la troiſiéme Propoſition eſt qu'en Amérique, où la terre produit d'elle-même beaucoup de fruits dont on peut ſe nourrir, & où la Chaſſe & la Pêche achevent de mettre les hommes dans l'abondance, il y a beaucoup de Nations ſauvages ou libres.

Je demande s'il y a rien de plus naturel & de plus conſéquent que ce raiſonnement. Dans les Païs extrémement fertiles, mais qui demandent d'être cultivés, les hommes vivent dans une grande abondance, & par conſéquent dans la molleſſe, ils s'attachent avec plaiſir à l'endroit où ils ſont une fois établis, (*z*) ils deviennent indiffé-

(*z*) Ces idées ne ſont point nouvelles, elles ont toujours été vraies, parce qu'elles ont leur fondement dans la nature même de la choſe ; Ecoutons Jules Ceſar faiſant le Portrait des Allemans de ſon tems. » Les Allemans ſont fort éloignés, dit-il, de ces » coutumes (des Gaulois) . . . . . . La Guerre & la » Chaſſe font tout leur exercice . . . . Ils n'aiment » pas l'agriculture, & ne vivent preſque que de » laitage & de la chair de leurs troupeaux. Nul ne » poſſede d'héritage en particulier, & le Magiſtrat » en aſſigne ſelon la grandeur des Communautés ou » des Familles, ſans ſouffrir qu'on les garde plus » d'un an. Ils aportent pluſieurs raiſons de cette » coutume. La premiere eſt de peur qu'on ne s'at» tache trop à un endroit, & qu'on ne quitte le » ſoin des armes pour celui de l'agriculture ; La » ſeconde, qu'on ne penſe à s'agrandir, & que les » plus puiſſans ne chaſſent à la fin les autres: La troi» ſiéme, de peur qu'on ne s'amuſe à bâtir au-delà » de ce qu'il eſt béſoin pour ſe garantir du chaud » & du froid, ou qu'on ne travaille à amaſſer des » richeſſes, d'où naiſſent les diviſions : Au lieu que » l'égalité entretient la paix & la concorde, & qu'il

rens pour toute autre chose que pour la jouissance actuelle de leurs biens ; ils sont donc fort propres à être assujettis : Au contraire dans les Païs où les terres ne sont point cultivées, ce qui est ici le point essentiel ; soit que la terre produise d'elle-même assez de fruits pour nourrir ses habitans, qui sont tous Chasseurs ou Pêcheurs, soit que le Païs soit d'ailleurs fertile ou sterile, les hommes ne s'y fixent point, ils ne sont pas plus attachés à un certain endroit du Païs qu'à l'autre, ils ne peuvent souffrir d'être maîtrisés, ils ne demeurent dans un même lieu qu'autant qu'ils s'y trouvent bien; en un mot, ce sont des Peuples libres, des Sauvages. Est-

» n'y a point d'apréhension de Tyrannie, lorsque
» celui qui commande n'est pas plus grand Seigneur
» que celui qui obéit. *Commentaire, Guerre des Gaules, Livre VI, Traduction d'Ablancourt.*

Est-ce là un nuage où l'on voit tout ce que l'on veut? Ne sont-ce pas plutôt des traits de la plus vive lumiere, qui portent la clarté & la conviction par tout où ils frappent?

Je finirai cet Article par une autorité que j'emprunte de l'Extrait (qui se trouve dans le Journal des Sçavans, pour le mois de Février 1751.) du Livre qui a pour titre, Histoire naturelle de l'Islande & du Groenland, par Mr. Anderson: Il semble qu'il ait été fait exprès pour justifier la plus grande partie des maximes répandues dans l'ouvrage de l'Esprit des Loix, sur le climat. Le voici.

,, Mr. Anderson réprésente le ,, Groenland comme un terrain ,, stérile, qui ne produit qu'une

„ ſorte d'herbe épaiſſe & amére, „ pour la nourriture des dains & „ des liévres, dont le Païs eſt „ rempli. Les habitans n'ont „ d'autre reſſource pour vivre „ que la chaſſe & la pêche ..... „ Les Groenlandois vivent dès „ la naiſſance dans une entiére „ liberté & dans une parfaite in- „ dépendance; ils ne ſont ſujets „ dans leur enfance à aucune diſ- „ ciplice ni correction de la part „ des parens; & étant dévenus „ grands, ils ne connoiſſent ni „ l'autorité des Loix ni celle des „ Chefs ou Supérieurs, c'eſt-à- „ dire, qu'ils n'ont ni Juges ni „ Magiſtrats; chacun vit com- „ me il veut, & travaille à ſa con- „ ſervation comme il l'entend. „ L'égalité eſt ſi parfaite entre

„ eux, que l'un ne s'avise pas de „ contredire ou de persuader l'autre, bien loin de vouloir lui „ commander. Ils vivent tous „ dans l'union & l'amitié la plus „ parfaite ; l'envie, la haine, la „ trahison, les calomnies & les „ quérelles sont des choses in- „ connues parmi eux. (*a*) On n'y „ voit ni batteries ni assassinats, „ ni guerres avec les voisins. On „ n'entend jamais parler de dé- „ bauches entre les deux sexes ; „ la jeunesse non mariée est d'une „ sagesse exemplaire ; jamais „ Garçon n'a séduit une fille, ni „ celle-ci un Garçon. (*b*) Leur

(*a*) Vous trouverez dans les climats du Nord des peuples qui ont peu de vices, assez de vertus, beaucoup de sincérité & de franchise. Esp. des Loix. Liv. 14. chap. 2.

(*b*) Dans les climats du Nord, à peine le phisique de l'amour a-t'il la force de se rendre bien sensible. Esp. des Loix, *ibid.*

„ peu de tempérammment ſe ma-
„ nifeſte aſſez, en ce qu'ils pren-
„ nent rarement deux femmes,
„ quoiqu'il n'y ait rien qui les en
„ empêche. Les gens mariés vi-
„ vent ſi bien enſemble, qu'on
„ ne voit jamais d'adultere. Ils
„ connoiſſent la proprieté des
„ biens, on n'entend cependant
„ parler ni de vol ni de pilla-
„ ge. Tout eſt ouvert par tout
„ le Païs, on ne connoit portes
„ ni ſerrures, & perſonne ne
„ touche à ce qui appartient à
„ autrui.

„ Une conſtitution ſi ſingu-
„ liére de tout un peuple, enga-
„ ge notre Auteur à faire diver-
„ ſes réflexions.... Il penſe, qu'à
„ tout bien conſidérer, les appa-
„ rences vertueuſes qui ſont ſi

„ frappantes dans les Groen-
„ landois, ne proviennent pas
„ tant de la pureté de leurs ſen-
„ timens que des circonſtances
„ dans leſquelles ils ſe trouvent;
„ la dureté du Climat, dit-il, le
„ défaut d'abondance, la difficul-
„ té d'avoir le néceſſaire, les con-
„ tiennent dans l'égalité, &c.

Quant au peu de diſpoſition des Groenlandois pour la guerre, voici les raiſons qu'en donne Mr. Anderſon.

„ Le Païs eſt ſi mauvais, dit-
„ il, le peuple ſi peu nombreux,
„ & la conſtitution de l'un & de
„ l'autre ſi éloignée de ce qui a
„ raport à la guerre, qu'il eſt im-
„ poſſible aux Groenlandois de
„ faire des conquêtes ſur leurs
„ voiſins; & leur Païs a ſi peu

„ d'appas, que personne ne vou-
„ droit prendre la peine de le
„ conquérir.

ARTICLES IV. & V.

De la Jurisprudence & du Commerce.

IL faut bien que cette partie du Livre de l'Esprit des Loix sur la Jurisprudence, soit la mieux traitée, ainsi que le dit le Critique, ou que la matiere ne soit pas autant de son ressort, puisqu'il n'y a que peu ou point trouvé à redire. Il assure que cette partie de l'ouvrage n'est pas celle où il y a le plus d'ordre; mais que c'est son affaire d'y en mettre; c'est à quoi je vais le laisser travailler tout à son aise; & pour ne pas le déranger dans ſa marche, je paſſe à ce qui regarde le Commerce.

1°. Les Obſervations faites ſur ce dernier Article ſe réduiſent à quelques prétendues contradictions de la part de l'Auteur, qui ayant voulu traiter cette matiere avec brieveté, l'a diviſée en deux branches générales ; le Commerce d'économie & le Commerce du luxe. Il a dit de très bonnes choſes ſur l'un & ſur l'autre, dont il me ſemble que le Critique n'a pas eu le bonheur de rencontrer le véritable ſens. Je ſuis même obligé d'ajouter qu'il a manqué tout au moins d'exactitude dans l'extrait qu'il a fait (*c*) des paroles de l'Auteur, que je rapporterai ici telles qu'elles ſont dans le Li-

(*c*) Page 185. de la brochure.

vre de l'Esprit des Loix. (*d*) ,, Cet espéce de trafic, (dit Mr. de M... en parlant du Commerce d'économie,) ,, regarde le Gou- ,, vernement de plusieurs par sa ,, nature, & le Monarchique par ,, occasion: car comme il n'est ,, fondé que sur la pratique de ,, gagner peu, & même de ga- ,, gner moins qu'aucune autre Na- ,, tion, & de ne se dédommager ,, qu'en gagnant continuelle- ,, ment. Il n'est guéres possible ,, qu'il puisse être fait par un peu- ,, ple chez qui le luxe est établi, ,, qui dépense beaucoup, & qui ,, ne voit que de grands objets.

,, C'est dans ces idées que Ci- ,, ceron disoit si bien; *Je n'aime* ,, *point qu'un même peuple soit*

(*d*) Esp. des Loix, Liv. 20. chap. 4.

„ *en même-tems le dominateur*
„ *& le facteur de l'Univers.*
„ En effet, il faudroit supposer
„ que chaque Particulier dans
„ cet Etat, & tout l'Etat même,
„ eussent toujours la tête pleine
„ de grands projets, & cette mê-
„ me tête remplie de petits; ce
„ qui est contradictoire.

Il a plû à l'Observateur de retrancher dans son Extrait le passage de Ciceron en entier, & de laisser subsister tout le reste du raisonnement de l'Auteur; ce qui lui donne un sens louche & tout-à-fait opposé à ce qu'a voulu dire Mr. de M.... (*e*) Aussi le Critique s'écrie-t'il ensuite avec assurance: „ Cette raison est bien sin-

(*e*) Il faut observer que ce que le Critique a si heureusement réuni se trouve dans le Liv. de l'Esprit des Loix, dans deux paragraphes différens.

„ guliére! & l'on demande à Mr.
„ de M... pourquoi il faudroit
„ ſuppoſer pareille choſe? Quoi,
„ dans une Monarchie où il y
„ aura vingt millions d'habitans,
„ par exemple, il ne s'en trou-
„ vera pas aſſez pour faire le
„ Commerce d'économie & ce-
„ lui du luxe en même-tems? Il
„ ne pourra pas arriver que les
„ uns ſe contenteront de gagner
„ peu, tandis que les autres
„ chercheront à gagner davanta-
„ ge? Que ceux-ci formeront de
„ grandes entrepriſes, tandis que
„ les autres ne ſeront occupés
„ que de petits objets? Et il ſera
„ néceſſaire enfin que chaque
„ Particulier ait la tête pleine de
„ grandes & de petites choſes
„ tout à la fois? Cela ne ſe con-
„ çoit pas.

Je répons, qu'il eſt bien plus inconcevable que le Critique ait été préoccupé au point de ne pas s'appercevoir que la derniere réflexion de l'Auteur ne porte que ſur le paſſage de Ciceron qu'il a ſupprimé, & ſur l'incompatibilité qu'il y auroit dans les projets d'un peuple, qui ayant déja pour but d'aſſujettir l'Univers, voudroit encore s'attacher au Commerce d'économie, lequel ſuppoſe une attention continuelle & aſſidue à de petits profits, bien éloignée des grands projets, dont le peuple dominateur ou conquérant devroit faire ſon objet principal.

2°. L'Auteur a dit que „ dans le „ Gouvernement d'un ſeul, le „ Commerce eſt fondé ſur le

„ luxe, & que son objet unique
„ est de procurer à la Nation qui
„ le fait tout ce qui peut servir
„ à son orgueil, à ses délices &
„ à ses fantaisies. „ Ce qui ne veut point dire, ainsi que le Critique le croit, que le Commerce du luxe ne consiste que dans un trafic de choses nécessaires pour le luxe; mais il faut entendre que l'objet de ce Commerce est de procurer à la Nation qui le fait des profits assez considérables pour la mettre à même d'avoir tout ce qui peut augmenter son luxe, flatter son orgueil & ses fantaisies. Ceci paroîtra mieux par ce qui suit.

„ Le Gouvernement de plu-
„ sieurs est ordinairement fondé
„ sur l'économie, dit Mr. de M...
„ les

„ les Négocians ayant l'œil ſur
„ toutes les Nations de la terre,
„ portent à l'une ce qui manque
„ à l'autre. C'eſt ainſi que les Ré-
„ publiques de Tyr, de Carthage,
„ d'Athénes, de Marſeille,
„ de Florence, de Véniſe & de
„ Hollande ont fait le Commer-
„ ce. Cet eſpéce de trafic regar-
„ de le Gouvernement de plu-
„ ſieurs par ſa nature, & le
„ Monarchique par occaſion;
donc il n'en eſt pas entiérement banni, ainſi que le prétend le Critique. Mais, *dit encore*
„ *l'Auteur*, il n'eſt guéres poſ-
„ ſible que ce Commerce d'éco-
„ nomie puiſſe être fait par un
„ peuple chez qui le luxe eſt éta-
„ bli, qui dépenſe beaucoup,
„ & qui ne voit que de grands

„ objets, „ c'est-à-dire, de grands profits : Car, qu'y a-t'il qui puisse fournir aux grandes dépenses qu'entraîne le luxe, si ce n'est les grands profits ?

OBSERVATION. Page 187.

3°. Ce n'est pas la qualité des Marchandises, dit le Critique, c'est leur quantité qui fait les plus grands projets ; & un Négociant qui entreprendroit de fournir à une Nation toutes les choses nécessaires à la vie, formeroit une plus grande entreprise que celui qui ne lui procureroit qu'une partie de ce qui peut contribuer à ses plaisirs, à ses fantaisies, à son orgueil ; en un mot, celui qui feroit le Commerce d'économie dans cette supposition, seroit occupé de plus grands objets que l'autre qui feroit le Commerce du luxe.

REPONSE. Le Négociant qui formeroit une pareille entreprise feroit réellement le Commerce du luxe, & non celui d'économie, parce que s'il entendoit son métier, il ne se chargeroit d'une affaire d'aussi grande conséquence que dans la vûe de gros profits; car je soutiens, encore une fois, que dans le sens de l'Auteur, le trafic des choses nécessaires à la vie, n'est point uniquement ce qui constitue le Commerce d'économie, non plus que le trafic des choses qui ont quelque raport au luxe, n'est point ce qui constitue le Commerce du luxe. (*f*) S'il en étoit autrement, il s'en-

(*f*) Lorsque Mr. de M... a dit que dans les Païs d'économie, les Négocians ayant l'œil sur toutes les

ſuivroit qu'il n'y auroit dans le monde que les Orphévres, les Bijoutiers, les Jouailliers, les Manufacturiers d'étoffes précieuſes, & autres Marchands, Artiſtes ou Artiſans de cette eſpéce qui feroient le Commerce du luxe : Mais, dans ce cas, quel ſera le Commerce de nos Armateurs des différens Ports du Royaume, qui envoyent tous les ans ſix à ſept cens Vaiſſeaux dans nos Colonies de l'Amérique, à la côte d'Afrique, ou au Levant ? Dirat'on qu'ils font le Commerce d'économie ? Je ne crois pas que perſonne s'aviſât de ſoutenir ou de penſer rien d'auſſi abſurde.

Nations de la terre, portent à l'une ce qui manque à l'autre, il n'a pas entendu parler uniquement des choſes néceſſaires à la vie, il y a compris auſſi le ſuperflû, puiſqu'il eſt vrai que dans un Païs de luxe, ce ſuperflû fait partie des beſoins.

Mr de M... n'a point voulu parler du Commerce tel que le font les Marchands de nos Villes Méditerranées. Il n'y avoit pas d'apparence que dans le peu de pages qu'il employe à ce sujet, il eût dessein d'approfondir ni même d'indiquer tous les Commerces possibles ; il dit lui-même que cette matiére mériteroit d'être traitée avec plus d'étendue : Il ne s'agit donc ici que du Commerce dans le grand, du Commerce externe & maritime de Nation à Nation, rélativement aux avantages réciproques & au but que chacune d'elles peut avoir en le faisant : Or, dans ce sens, tout ce qu'a dit l'Auteur s'accorde merveilleusement avec ce que nous voyons par tout où il y a du Commerce.

Qu'il me ſoit permis d'ajouter encore quelques réfléxions à ce ſujet.

Les Hollandais naviguent à meilleur marché qu'aucun autre Peuple de l'Europe, cela n'eſt pas difficile à comprendre, leur commerce étant fondé ſur une économie continuelle, je n'en excepte pas même leurs plus grandes entrepriſes, ils ont été obligés de tirer parti de tout ce qui y a raport; leurs Vaiſſeaux ſont d'une conſtruction & d'une voilure qui demandent moins de monde pour la manœuvre que ceux des autres Nations, leurs Matelots ſe contentent de gages très-modiques, & de la nourriture la plus groſſiere: Les Proprietaires même des Navires ſont ſatisfaits lorſque les voyages d'une année leur rendent quelque chose au-delà de l'intérêt ordinaire que leur argent leur produiroit dans le Commerce interieur de leur Païs : enfin il n'y a point de Nation qui pût ni qui voulût courir les mêmes risques au même prix. Il faut donc que dans les Païs où regne le Commerce du luxe on leur abandonne ce qu'on appelle le gabotage, & quelques autres branches semblables, qu'il seroit inutile de vouloir leur ravir : Dans ce sens & dans bien d'autres on peut les apeller avec juste raison les Facteurs, ou, si l'on veut, les voituriers de l'Univers, *Portitores Terrarum*. Ils sont à l'égard des autres Nations de l'Europe, ce qu'est un Commissionaire à l'égard de son Commettant, & c'eſt là ce qui conſtitue véritablement le Commerce d'économie ; auſſi il ſemble que tout ce que l'Auteur de l'Eſprit des Loix a dit de ce Commerce, ſoit fondé ſur la connoiſſance que nous avons de celui de ce Peuple induſtrieux, & de quelques Villes Anſéatiques : Là, l'on ſe contente de gagner peu & même moins qu'aucune autre Nation, & l'on ſe dédommage en gagnant continuellement : Dans ces Païs où la mode n'a pas été pouſſée juſqu'à ſe faire des beſoins au-deſſus de ſon état & de ſes moyens, l'argent y eſt auſſi plus abondant qu'ailleurs, il y produit à peine la moitié de l'intérêt qu'il donne dans les Monarchies où regne le luxe: c'eſt à cette raiſon principalement, c'eſt-à-dire à la quantité conſidérable d'argent qui reſte ſans emploi, que j'attribuerois cette hardieſſe pour les grandes entrepriſes que l'Auteur remarque dans les Républiques, & qui ne ſe trouve que rarement dans les Monarchies, où chacun eſt bien plus empreſſé de s'aſſurer un état au-deſſus de celui de Négociant, de courir après les honneurs, de ſe procurer toutes les aiſances dépendantes du luxe, enfin de joüir de ſa fortune, que de former de nouveaux projets de Commerce; enſorte que l'on peut dire qu'en général dans les Monarchies, chacun fait le Commerce afin de pouvoir le quitter; au lieu que dans les Républiques on ne l'entreprend que dans l'eſpérance de le continuer & de l'augmenter; ce qui revient à ce que dit l'Auteur, qu'un Commerce mene à l'autre; le petit au médiocre, le médiocre au grand; aussi voyons-nous que les plus grands projets de Commerce ont presque tous été conçus par des Négocians Républicains: La fameuse Hanse Teutonique ne prit-elle pas naissance dans de petites Républiques? La Compagnie des Indes ne s'est-elle pas formée & accrue en Hollande, avant qu'aucune Puissance de l'Europe pensât à faire un pareil établissement, (*g*) moins sans doute par le défaut de moyens, que pour n'avoir pas des Négocians hardis & intelligens,

(*g*) Les premiers établissemens des Portugais sembloient avoir plutôt pour objet la Conquête que le Commerce.

capables de former & de diriger une telle entreprise.

Cette Compagnie Hollandaise apporta dès sa naissance, dans la conduite de ses affaires, assez de ce même esprit d'économie qui a toujours regné dans le Commerce de la Nation, pour faire celui qu'elle méditoit aux Indes plus avantageusement que ses Concurrens. Quelle hardiesse dans les projets! Quelle promptitude dans l'exécution! Quelle valeur, quelle conduite de la part des Amiraux chargés du commandement de ses Escadres, & de la formation de ses établissemens! Les Traités avantageux que ses Amiraux firent avec divers Rois d'Asie, sont encore cités aujourd'hui comme des modelles dans ce genre, & les ſages meſures qu'ils prirent dans les ſuites, acquirent ou conſerverent à la Compagnie tous les avantages dont elle a joui depuis, & qui l'ont rendue la plus riche & la plus floriſſante de toutes celles de l'Europe. Ce n'étoit cependant que des Négocians accoutumés au Commerce d'économie qui faiſoient toutes ces grandes choſes; l'Etat n'y prenoit d'autre part que celle qu'il falloit pour leur donner de l'encouragement, & les protéger.

4°. L'Auteur a dit „ La plus „ grande certitude de ſa proprieté, que l'on croit avoir dans les „ Etats Républicains, fait tout „ entreprendre; & parce que „ l'on eſt ſûr de ce que l'on a „ acquis, on oſe le riſquer pour en

„ en acquerir davantage. " Sur quoi le Critique ſe recrie que cette proprieté eſt auſſi aſſurée dans les Monarchies que dans les Républiques ; l'on ne voit point, dit-il, que des biens légitimement acquis par le Commerce, dans les Monarchies, deviennent jamais la proye du Souverain.

Je conviens avec l'Obſervateur, que rien n'eſt plus rare en France, & dans tous les Royaumes policés de l'Europe, qu'un Négociant attaqué à cauſe de ſes grandes richeſſes, je crois même que l'Hiſtoire n'en fournit qu'un ſeul exemple, qui eſt celui de Jacques Cœur, ſous Charles VII. encore fallut-il lui ſupoſer d'autres crimes : Ce n'eſt point auſſi de quoi il s'agit ici. Je prie qu'on faſſe attention que M. de M. ne dit point que cette certitude qu'on a de ſa proprieté eſt réellement mieux fondée dans les Républiques que dans les Monarchies ; mais il dit, que l'on le croit ainſi *dans les Etats Républicains* ; au lieu qu'il ſemble, à entendre le Critique, que l'Auteur ait voulu dire que les Négocians établis dans les Monarchies ſont dans le même préjugé, qu'ils craignent les injuſtices du Gouvernement, & que tôt ou tard on ne les dépouille de leurs biens. Ils ne peuvent craindre autre choſe, ſi ce n'eſt, que ces Etats n'étant point fondés naturellement ſur le Commerce, il y ſoit plus négligé qu'ailleurs.

5° Je ne dirai plus qu'un mot ſur vne Obſervation du Critique au ſujet du Climat, par raport au Commerce : il voit une contradiction où il n'y en a point ; ſon erreur vient de ce qu'il fait dire à l'Auteur, que les grandes entrepriſes de Commerce ne ſont que pour les Etats où regne le luxe : (*b*) Or je ſoutiens que M. de M. n'a jamais dit pareille choſe; au contraire, il dit que les grandes entrepriſes de Commerce ne ſont point pour les Monarchies où regne le luxe, mais pour les Etats Républicains où il ne regne pas.

Mais, dira le Critique, l'Auteur prétend que dans les Etats où regne le luxe on y dépenſe beaucoup, & que l'on ne voit que de grands objets ; je lui répons en-

(*b*) Page 192.

core un coup, que ces grands objets ſont rélatifs aux profits & non aux entrepriſes ; enſorte que pour déterminer un Négociant établi dans un Païs de luxe, à faire une entrepriſe quelconque, il faut lui préſenter un profit plus conſiderable que s'il vivoit dans un Païs d'où le luxe eſt banni, & où regne le Commerce d'économie. Suppoſons, par exemple, deux Négocians établis, l'un dans une Ville Maritime de France, & l'autre à Amſterdam, qu'on propoſe à l'un & à l'autre une entrepriſe qui ne leur promette, tout riſque à part, que quatre ou cinq pour cent de profit, après avoir occupé leurs fonds pendant une année entiere ; le Hollandais ſaiſira l'affaire avec empreſſement.

le Français au contraire la refusera: Pourquoi cela ? C'est que l'un vit dans un Païs d'économie, & l'autre dans un Païs de luxe ; c'est qu'on a bien de la peine à faire valoir à Amsterdam son argent au-delà de trois à trois & demi pour cent par an, au lieu que dans le Commerce de France il en produit jusqu'à six.

Voici enfin la derniere observation du Critique, je me hâte d'y répondre, quoiqu'il paroisse ne s'attendre à aucune espéce de contradiction.

OBSERVATION. Page 195.

Proposition de l'Auteur.

„ En Perse lorsque le Roi a
„ condamné quelqu'un, on ne
„ peut plus lui en parler ni de-

„ mander grace. Cette maniere
„ de penſer, ajoute-t-il, y a été
„ de tout tems; l'ordre que donna
„ Aſſuerus d'exterminer les Juifs
„ ne pouvant être *revoqué*, on
„ prit le parti de leur donner la
„ permiſſion de ſe défendre; " ſur
quoi le Critique oppoſe ces mots
du chap. 8. du Livre d'Eſther.
„ S'il eſt vrai que je vous ſuis
„ chere, dit la Reine à Aſſuerus,
„ & s'il vous plaît de me con-
„ vaincre que mes prieres ne
„ vous ſont point importunes,
„ *revoqués*, je vous en ſupplie,
„ par de nouvelles Lettres, les
„ ordres que le perfide Aman,
„ irréconciliable ennemi de mon
„ Peuple, avoit envoyés en votre
„ nom dans toute l'étendue de
„ vos Provinces, pour y faire

,, mourir dans un ſeul jour tous ,, les Juifs.... Et au chap. 16. du Livre d'Eſther, le Prince y dit expreſſement ,, Notre intention ,, eſt que les Lettres obtenues par ,, Aman contre les Juifs, & en- ,, voyées ſous notre Nom à tou- ,, tes nos Provinces, ſoient re- ,, gardées comme ſurpriſes, & ,, de nulle valeur. . . . . Le Critique cite encore ces deux Vers de Racine.

Oui je t'entens allons par des ordres contraires,
Revoquer d'un méchant les ordres ſanguinaires.

Et il finit par ces mots. ,, Aſſue- ,, rus ne croyoit donc pas, com- ,, me l'Auteur de l'Eſprit des ,, Loix, que ſes ordres fuſſent ,, irrévocables.

Reponse. Je n'emprunterai pour combattre le Critique, ni

l'autorité des Hiſtoriens, ni celle des Commentateurs, je ne citerai pas même les Poëtes. Deux ou trois réfléxions & le Texte ſacré me ſuffiſent.

Je demande au Critique, ſi le but de l'Edit que donna Aſſuerus n'avoit pas été, ainſi que le dit l'Auteur, de permettre aux Juifs de ſe défendre, qu'étoit-il néceſſaire qu'il leur fût adreſſé? C'eſt le Roi lui-même qui s'exprime ainſi parlant à Mardochée : „ Ecrivez donc aux Juifs au Nom „ du Roi comme vous le jugerez „ à propos, & ſcellez les lettres „ de mon anneau, car c'étoit la „ coutume, ajoute l'Hiſtorien „ ſacré, que nul n'oſoit s'oppo„ ſer aux lettres qui étoient en„ voyées au Nom du Roi, &

„ cachetées de ſon anneau. “ Je remarquerai en paſſant qu'il y a des traductions de l'Hébreu qui portent, car *l'écriture qui eſt écrite au Nom du Roi*, & *qui eſt ſcellée de ſon ſceau, ne ſe revoque point.* Mais voyons l'Edit même ſur lequel le Critique s'appuye le plus, tel qu'il eſt rapporté au chap. 16. du Livre d'Eſther; noûs y trouvons qu'Aſſuerus employe différens motifs pour juſtifier le changement qu'il fait aux précedens ordres d'Aman contre les Juifs: Il y dit entr'autres: „ Si nous ordonnons des „ choſes qui paroiſſent différen„ tes, vous ne devez pas croire „ que cela vienne de la legereté „ de notre eſprit, mais plûtôt „ que c'eſt la vûë du bien public

„ qui nous oblige de former nos
„ Ordonnances selon la diversité
„ des tems, & la nécessité de nos
„ affaires." Cette espéce d'excuse de la part d'un Prince aussi despotique & aussi absolu, n'est-elle pas une preuve qu'il sentoit, que même ce changement de ses premiers ordres étoit contre la Loi & les usages? Ce qu'il ajoute un peu plus loin, fait voir avec évidence que cet Edit se reduisoit principalement à permettre aux Juifs de défendre leurs vies, & à ordonner aux Gouverneurs des Provinces de les secourir. „ Nous
„ ordonnons, dit le Roi, que
„ cet Edit que Nous vous en-
„ voyons soit affiché dans tou-
„ tes les Villes, afin qu'il soit
„ permis aux Juifs de garder

„ leurs Loix. Et vous aurez ſoin „ de leur donner du ſecours, afin „ qu'ils puiſſent tuer ceux qui ſe „ préparoient à les perdre. „

Quant à la démarche que fit Eſther d'interceder pour les Juifs, je pourrois dire qu'une femme chérie, qui compte ſur ſa beauté & ſur l'amour d'un grand Roi pour elle, ſe permet bien des choſes contre les uſages, ſurtout quand elle eſt animée par quelque grand intérêt : Or il ne s'agiſſoit pas moins ici que de ce que Eſther avoit de plus cher au monde, de la vie de toute une Nation, & de la ſienne peut-être. Mais il pouvoit auſſi y avoir un deſſein particulier de la Providence; car, ainſi que le diſoit Mardochée à Eſther : (*i*) „ Qui ſçait ſi ce n'eſt

(*i*) Chap. 4. verſ. 14.

„ point pour cela même que vous „ avez été élévée à la dignité „ Royale, afin d'être en état d'a- „ gir dans une occaſion comme „ celle-ci. " Sur cette Rémontrance Eſther ſe réſolut de courir le riſque de parler au Roi; mais les craintes qu'elle témoigna dans cette occaſion, & toutes les précautions qu'elle prit, prouvent bien qu'elle s'expoſoit beaucoup.

Si le Critique ne trouve point ce raiſonnement aſſez déciſif, & s'il lui reſte encore quelque ſcrupule à ce ſujet, il faut lui faire voir, par une autorité qui ne laiſſe aucun doute, que non-ſeulement il n'étoit point permis d'interceder en faveur de ceux que le Roi avoit condamné, mais que le Roi lui-même ne pouvoit de ſon abondant ac-

accorder la grace à perſonne; c'eſt dans le chap. 6. de Daniel, verſ. 8. & ſuivans, que je trouve une déciſion formelle en faveur de cette opinion : La voici. (Ce ſont les ennemis de Daniel qui parlent.)

,, Confirmez donc maintenant,
,, ô Roi! cet avis, & faites cet
,, Edit, afin qu'il demeure ferme,
,, comme ayant été établi par les
,, Medes & par les Perſes, ſans
,, qu'il ſoit permis à perſonne
,, de le violer. . . . .
. . . . . O Roi! n'avez-vous
,, pas ordonné que pendant l'eſ-
,, pace de trente jours, tout hom-
,, me qui feroit quelques prieres
,, à quelqu'un des Dieux ou des
,, hommes, ſinon à vous ſeul, ô
,, Roi! ſeroit jetté dans la foſſe
,, des lions? Le Roi leur répon-

„ dit : ce que vous dites eſt vrai,
„ & *c'eſt une Ordonnance des*
„ *Perſes & des Medes, qu'il*
„ *n'eſt permis à perſonne de*
„ *violer*. Alors ils dirent au Roi :
„ Daniel, un des Captifs d'entre
„ les enfans de Juda, ſans avoir
„ égard à votre Loi, ni à l'Edit
„ que vous avez fait, prie ſon
„ Dieu chaque jour à trois heu-
„ res différentes. Ce que le Roi
„ ayant entendu, il fut extrême-
„ ment affligé. Il prit en lui-mê-
„ me la réſolution de déliver Da-
„ niel, & juſqu'au Soleil couché
„ il fit ce qu'il put pour le ſau-
„ ver. Mais ces perſonnes voyant
„ bien quelle étoit l'intention du
„ Roi, lui dirent : *O Roi, ſça-*
„ *chez que c'eſt une Loi des Me-*
„ *des & des Perſes, qu'il n'eſt*

„ *point permis de rien changer* „ *dans tous les Edits que le Roi* „ *fait*. Alors Daniel fut emmené „ par le commandement du Roi, „ & ils le jetterent dans la foſſe „ aux lions ; & le Roi dit à Da- „ niel, votre Dieu que vous ado- „ rez ſans ceſſe vous délivrera.

Voilà donc un Roi qui ſe trouve dans l'impoſſibilité de ſauver un favori qu'il aime, parce que, *ſuivant la Loi des Medes & des Perſes, il n'eſt point permis de rien changer dans tous les Edits que le Roi fait*. Mais s'il n'étoit pas permis aux Rois de Perſe de rien changer à leurs propres Edits, il leur étoit ſans doute encore moins permis de les revoquer en entier, ni à qui que ce fût d'oſer intercéder pour les coupables

Il me reste à observer qu'il y a des versions qui portent le mot de *revoquer*, au lieu de ceux de *violer* & *changer*, qui sont employés dans la Vulgate & dans la Traduction de Sacy, dont je me sers.

Il resulte de tout ce que je viens de dire, que le triomphe du Critique n'est pas si bien fondé qu'il se l'imagine, & que l'Auteur au contraire s'appuye sur des autorités suffisantes, puisqu'il cite d'ailleurs *Chardin*, & qu'il a ainsi en sa faveur les Historiens sacrés & profanes.

Je crois en avoir assez dit pour mettre le Lecteur en état de juger de ce qu'on doit penser de ces deux propositions modestes du Critique: Voici ses termes. (*k*)

(*k*) Page 184.

„ J'oſe dire que tout ce qu'il y a „ de meilleur dans ce Livre (de „ l'Eſprit des Loix,) ſe trouve „ exactement renfermé dans „ cette Brochure. (*l*)" Et dans ſa Préface: „ On oſe ſe flatter „ qu'après avoir lû cette petite „ Brochure, on connoîtra mieux „ le Livre dont elle rend comp- „ te, que ſi on liſoit le Livre „ même.

On voit qu'il ne valoit pas la peine que ſon Auteur paſſât vingt années à le compoſer.

Je terminerai tout ceci par un mot d'un Auteur moderne, (*m*) qu'il me ſemble qu'on ne ſçauroit trop repeter à la plûpart des Cri-

(*l*) A coup ſûr, le Critique n'aura pas lû les Chapitres de l'Eſprit des Loix qui traitent des Changes & des Monnoyes; ce ſont des chefs-d'œuvres dont il n'auroit pas manqué de faire mention.

(*m*) Mr. Touſſaint.

tiques d'aujourd'hui. „ Dans cha-
„ que chose, dit-il, il faut voir
„ l'esprit, la lettre tuë; & tel
„ entreprend la censure d'un long
„ ouvrage, qui n'a pas sçu le
„ lire ; j'entens, lire avec intel-
„ ligence

FIN.

www.ingramcontent.com/pod-product-compliance
Ingram Content Group UK Ltd.
Pitfield, Milton Keynes, MK11 3LW, UK
UKHW020303180726
13839UKWH00001B/359

9 782329 565552